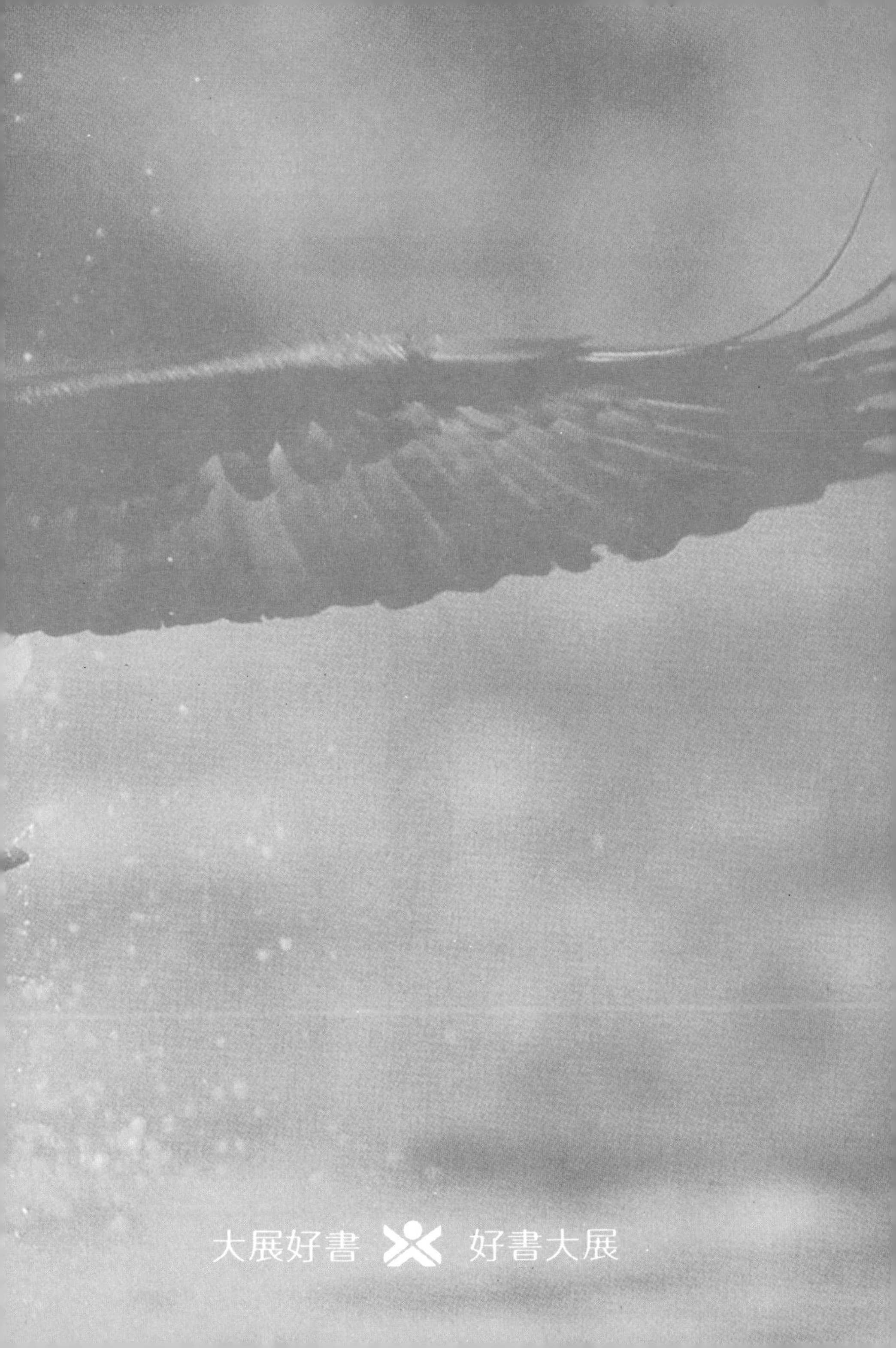
大展好書 好書大展

李壽田高足之一

太極拳入門與精義

李壽田　編著

大東出版社有限公司

出版說明

　　誰都願意將自己的孩子送進好的學校，爲什麼？因爲好學校教學水平高。教學水平高主要依賴於有一流的高水平的教師。教師水平高就能教出出類拔萃的學生，這正是「名師出高徒」。

　　學武術也如此，富有經驗的名師教學，會使初學者少走彎路，入門迅速，一入門即可爲提高打下紮實的基礎。

　　爲滿足初學武術的廣大青少年和武術愛好者的要求，我社特約我國武術名家編寫了這套叢書。本套叢書作者均是長期從事武術教學的在國內外享有盛名的專家，他們有著極豐富的教學經驗，既能把那些對武術一竅不通的「老外」教得像模像樣，也能指導武術高手再提高。

　　本套叢書屬於普及性讀物，重點介紹了武術基本技術要領、動作要求、練習方法、易犯錯誤及其糾正方法，而且簡明扼要地說明了動作的技擊含義，易學、易懂、易練、易用。

　　近年來中國武術協會爲更廣泛推展武術運動，在國內推行了武術段位等級制。本書在介紹了最基本的動作之後，編入了最基本的入段套路詳解。每個武術愛好者只要跟著本書步驟自修，都可達到武術初級段

位（一、二、三段）水平。

本社曾出版過《武術基礎練習叢書》一書，深受廣大武術愛好者喜愛，多次再版仍未能滿足需要。根據近年來我國武術發展的形勢，本套叢書是在原《武術基礎練習叢書》的基礎上新編而成。這套叢書包括以下幾冊：

《武術基本功和基本動作》——名師出高徒㈠

《長拳入門與精進》——名師出高徒㈡

《劍術、刀術入門與精進》——名師出高徒㈢

《棍術、槍術入門與精進》——名師出高徒㈣

《南拳入門與精進》——名師出高徒㈤

《散手入門與精進》——名師出高徒㈥

《太極拳入門與精進》——名師出高徒㈦

《太極推手入門與精進》——名師出高徒㈧

本書從太極拳的基本功和最基本的動作入手，可使初學者很快入門，而且爲提高打下紮實的基礎。讀者按書的順序一步步地學，當掌握了基本套路後，能較快地突破那種比比畫畫的空架子，領會太極拳精髓，打出太極「味道」。

本書作者李德印出身武術世家，是我國武術界著名人士，現任中國人民大學教授，長期從事武術教學工作，他根據自己長期累積的國內外教學經驗編寫成此書。本書可幫助初學者迅速入門且動作規範，可以較快地達到國家規定的武術段位制「一段」至「三段」的水平。

目　錄

第一節　太極拳入門與精進概述

「練拳不練功，到老一場空」。這是武術界前輩們的經驗和忠告，也是一些太極拳愛好者，打拳多年，技術水平仍處於畫道道程度的主要原因。清代太極拳大師王宗岳在《十三勢行功歌》強調：「入門引路須口授，功夫無息法自修。」說明拳藝的提升需要名師引路指點，也需要個人不斷鑽研修煉，兩者缺一不可。

本書介紹了一些太極拳基本修煉方法，不僅為初學者提供入門方便，也希望幫助有一定基礎的愛好者，找到一條突破空架子，提升拳藝水平的有效途徑。

中國武術種類繁多，技術風格、要領百態千姿，其基本訓練有共同性內容，也有各自獨特的方法。太極拳是一項鬆靜自然，正穩柔綿的武術運動項目。它的基本要領是：心靜體鬆，意導氣合，中正安舒，輕柔沉穩，連貫圓活，虛實相間。它的基本技術，包括手型、步型、身型、手法、步法、身法以及腿法、跳躍、平衡等各項型和法的要求，都有一定規格，同時要體現技術要領，做到外有形態，內有韻味兒。

有些人動作質量不高，姿勢不到家，常常受到身體素質限制，以致力不從心。太極拳的基本素質，著重於下肢力量，樁步穩固程度，以及身體的協調性、柔韌性和平衡調節

能力，這些是完成技術動作的物質基礎。

太極拳基本修煉，就是對基本要領、基本技術和基本素質的訓練。我們俗說的「練功」，正是指上述三個基本要素的強化和提升。

太極拳基本修煉的內容，一般包括基本功、基本動作、基礎套路三個部分。三者的手段、目的各有側重，具體方法和要求也要不斷充實，因人而異。本書的介紹只能擇要選優，以普遍常用為原則。實踐操練中，讀者可以舉一反三，選擇和創造更適合自己實際需要的方法。然而不管採取何種手段進行太極拳基本修煉，遵守和掌握以下原則都是十分必要的。

一、循序漸進　因人而異

基本修煉的內容、數量、強度、密度，都要因人而異，符合練習者的體質狀況和技術水平。既不能盲目攀比，急於求成；也不能漫不經心，鬆鬆垮垮。

俗話說：「緊了崩，慢了鬆，不緊不慢才是功。」對於年老體弱、初學入門的人，宜從低起點、小強度入手，採取「少吃多餐」、循序漸進的方法。對年輕體強、基礎較好、訓練有素的人，則要針對弱點，從難從嚴，有計劃、有重點的加強訓練，同時也要分清層次，逐步提高。負有責任的指導老師，要了解每個學生的情況，提出不同的安排和要求。要求過低，會使學生鬆懈滿足，失求進取；要求過高過急，容易發生傷害事故，也會挫傷學生的信心。

二、堅持經常　持之以恆

人的體能和素質的提高是漸進過程，由於體育鍛鍊具有超量恢復的特點，人體各器官運動消耗以後，要進行恢復補償，這種恢復不是回到原來的起點，而是具有一個新高度。只有堅持不懈、經常鍛鍊的人才會使起點越來越高。「三天打魚，兩天曬網」的練習，只能是進退相抵，原地不前。

一般說來基本訓練比較枯燥，這是一些人不能持之以恆的原因。解決這個問題，首先要充分認識基礎訓練的重要性。初學者先學個套路，固然可以提高練拳的興趣，掌握初步技巧和要領，但到了一定程度，技術提高則會遇到障礙，沒有後勁。

基本練習正是集中力量、清除障礙、補充不足、攻克難關的過程。企圖通過練習套路彌補、代替基本訓練，猶如只想開快車，不想加油、不想改善機器部件一樣，結果只能中途擱淺，停滯不前。

三、方法正確　刻苦認真

學太極拳先從基本訓練入手，還是從套路開始？這個問題並不十分重要。每人學習的條件、環境不同，興趣、要求各異，因而學習安排也不必強求一律。重要的是在學習和練習中兩者不要脫節。

一般說來，基礎訓練是套路技術的基礎，而套路則是基本訓練的體現和運用，在練習中兩者是相輔相成、交互作

用、螺旋上升的，任何一方面都不會明顯的超前或落後。我們既反對只練套路不練功的做法，同時也主張基本功練習不應脫離套路，孤立訓練，以免學者目標不清，學用脫節。比如樁功的練習，太極拳和長拳在加強腿部力量方面要求是一致的，而在方法和勁力運用上則大不相同。

學員透過套路練習，體會到太極拳的特點，會提高基本功練習的效果和自覺性。

在每次訓練中一般都要有基本功和套路兩部分內容，但重點可以調整輪換。基本練習不同於準備活動。準備活動屬於熱身性活動，是為使身體進入運動狀態，防止傷害事故而安排的；基本練習則是訓練的重要組成部分。基本練習應該按著由靜而動、由弱而強的步驟安排進行，而且一定要保證質量和正確要領，不能勉強湊數，馬虎應付。

和任何體育訓練一樣，太極拳基本訓練同樣要求具有刻苦精神和悟性思考。

太極拳基本訓練大多是靜力性、專門性練習，局部肌肉酸痛是正常生理現象。為此，一方面要注意做好準備活動和整理活動，運動後用按摩或熱敷來加快恢復過程。另一方面也要發揚自討苦吃、刻苦訓練的精神。

悟性思考就是要求人們探索求真，不斷總結實踐經驗，提升訓練質量和效益。武術諺語說：「光說不練嘴把式，光練不想傻把式。」據說太極拳大師楊露禪先生學藝是從「偷拳」開始的，所謂「偷拳」就是暗地觀摩、學習他人，思考消化，提高自己的過程。我們在基本訓練中，同樣要養成手腦並用，勤於思考，善於總結的習慣。

四、有的放矢　學用一致

武術運動具有多功能作用。參加的人有的追求攻防實戰；有的為了健身養生；有的著眼體育競賽。在進行基礎訓練時，要因人而異，根據其不同目的，各有側重地選擇安排。

大多數人參加太極拳活動是為了健身強體。他們之中有的需要一種柔和輕鬆的健身運動，有的為了掌握一種身心兼修的養生方法，也有的由於患有某些慢性疾病，需要從事適宜的康復醫療體育活動。對於他們，應該著重鬆正自然，協調柔順的基礎訓練，如站樁、運臂、高勢行步和鬆柔的基本動作練習。使其養成自我控制身心的能力，掌握身法中正、步法穩定、手法鬆柔、呼吸順暢等要領。不應強求高控腿、低站樁等大強度的訓練。

對於追求太極拳競賽優異成績的運動員，則要在動作的準確性、規範性以及難度、強度上下功夫，以全面提高專項素質和技術水平。

對於參加太極推手競賽和追求以柔克剛攻防技巧的人，則要加強樁步穩定、發勁完整、運轉靈活的訓練，並透過模擬對練和實戰，提高感覺、判斷和應變能力，不必在動作的難度、造型和美感方面花費更大精力。

總之，對於持有不同目的參加太極拳運動的人，其基礎訓練亦應該因人而異，有針對性地安排，避免千篇一律，無的放矢。

第二節 太極拳基本功

樁功練習

樁功是指下肢固定或全身靜止性的基本功訓練。由於它的身型、步型鬆靜穩固，好像木樁栽於地面，故稱樁功。樁功的作用主要是端正身型，強固下肢，培養斂神入靜、調息用意的能力。

(一)鬆靜樁

【預備勢】

身體自然站立，兩腳平行分開，相距約同肩寬，體重平均落於兩腿。全身鬆靜端正，精神集中，神態和呼吸保持自然（圖1）。

【動作】

兩臂徐徐上舉，於胸前環抱，如同圍抱大樹狀。掌心向內，五指自然分開，掌指微屈，掌心內含，指尖相對，相距約一拳寬。目視前方或指尖（圖2）。

【要領】

1. 全身舒鬆，心平氣和，大腦入靜，意念集中，呼吸勻

圖1　　　　　　　　　　圖2

細，任其自然。

2. 懸頂正容，鬆腰豎脊，沉肩含胸，展臂舒指，全身保持鬆而不懈、實而不僵的自然舒展狀態。

3. 兩膝鬆順微屈，腳趾扣地，站立自然平穩。

4. 練習時間根據個人的體力、情緒、技術水平，因人而異。一般初學者每次練習3分鐘左右，以自我感覺舒暢、穩定為原則。練習之後應走動放鬆，也可用兩掌輕輕向上推摩面頰至腦後，進行自我按摩放鬆，然後再做第二次或其它練習。

【歌訣】

兩手環抱臂撐圓，頂頭沉肩胸內含。

心靜體鬆目平視，氣息綿綿求自然。

【易犯錯誤】

1. 身體緊張僵硬。

2. 聳肩提肘、提氣憋氣。

圖3　　　　　圖4　　　　　圖5

3. 挺胸、挺腹。

4. 身體鬆軟、精神萎靡。

(二)調息樁

【預備勢】

同前（圖1）。

【動作】

兩手經體側畫弧上舉至肩高處，同時吸氣。隨之兩手掌心翻轉向內畫弧，於頭前交叉合攏，再經胸前徐徐落於腹前，同時呼氣。如此循環練習。兩手交叉畫成立圓，畫圓時手高不過頂，低不過褲（圖3、4、5）。

【要領】

1. 兩臂動作輕柔自然。舉手時鬆肩舒胸，高不過頭；合落時屈臂垂肘，過旋臂邊向內、內下畫弧。

2. 初練時，呼吸可任其自然，逐步做到配合手的分舉吸

氣；配合手的合落呼氣。呼吸皆要閉口用鼻，舌舔上顎，自然通暢，不可憋氣。

3. 練習時，手由外向內畫弧，運臂調息 8 次。稍停，再由內向外畫弧，運臂調息 8 次為一組。

【歌訣】

舉落開合緩調息，身正體鬆輕用意。

柔順自然勿強勉，舉吸落呼總相宜。

【易犯錯誤】

1. 運臂緊張，兩臂過直。

2. 運臂過快或過慢，與呼吸不協調。

3. 勉強憋氣，失去自然。

4. 舉手時聳肩縮脖。

5. 仰頭或低頭。

(三)起落椿

【預備勢】

同前（圖1）。

【動作】

與簡化太極拳起勢動作相同。由預備勢開始，兩手徐徐前平舉，高與肩平，相距同肩寬，掌心向下。稍停，兩腿徐徐屈蹲，兩手隨之向下輕按至腹前。稍停，再徐徐起立，兩手提至原來位置。如此反覆練習（圖6、7①、7②）。

【要點】

1. 上體始終保持預備勢姿勢，頂頭、正脊、沉肩、墜肘、含胸、鬆腰。屈腿蹲坐時，如端正坐於椅子上，縮脖收臀，上體鬆正，兩腿堅實著力，體重平均落於兩腳。至兩

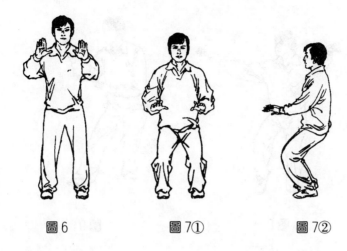

圖6　　　　　圖7①　　　　　圖7②

腿微感酸熱時，再徐徐起立。

2. 動作保持輕柔、平穩、均勻。

3. 結合呼吸進行。起身時吸氣，蹲落時呼氣，靜止稍停時，做調整性自然呼吸。

4. 蹲坐深度和數量因人而異。初學時蹲坐姿勢可稍高，每次練習 5～10 次。以後逐漸增至 20～30 次，深度也逐漸加大，使大腿接近水平位置。

【歌訣】

兩手提按腿屈伸，立身中正體浮沉。

落如端坐收臀胯，起如提絲力輕勻。

吸起落呼自然法，高低適度量漸進。

萬法不離此中理，細心追求根基深。

【易犯錯誤】

1. 上體前傾或後仰。

2. 緊張憋氣。

圖8   圖9

3. 挺胸、塌腰、突臀。

4. 動作忽快忽慢。

【糾正方法】

1. 適當提高屈蹲高度，確保上體端正自然。

2. 屈蹲和起身以後，適當停頓，留出調整時間，自我檢查要領，調整呼吸。

(四)虛實樁

【預備勢】

同前（圖1）。

【動作】

1. 由預備勢開始，上體徐徐左轉，兩腿屈膝蹲坐，體重移於右腿，左腳輕輕提起。同時兩手經體側畫弧上舉，高不過頭（圖8）。

2. 兩臂半屈，兩手向體前合抱，左手舉於頭前，右手合

圖10 圖11

於左肘內側，兩掌掌心相對，指尖斜向前上方。同時左腳向左前方移動約一腳距離，腳跟著地，腳尖翹起，左膝關節微屈，體重大部分落於右腿，成左虛步。眼看左指尖（圖9）。

　　3. 右腿感覺酸熱時，左腳輕輕收回，上體右轉，體重移於左腿，右腳向右前方移動半步，換成右虛步。同時兩臂動作也隨之收落、上舉，兩手合於體前成右勢（圖10、11）。如此反覆練習。

【要領】

　　1. 定勢時兩腿虛實分明，屈腿落胯，收臀縮髖，後腿穩固屈撐；前腿微屈，膝關節鬆活，腳跟輕輕支撐。同時上體保持鬆正，側向前方，頂頭沉肩，圓臂虛腋，墜肘含胸，塌腕舒指，內勁貫於頭頂、指尖。

　　2. 兩臂分舉時為虛為吸，著意輕靈，鬆腹吸氣。兩臂合抱時為實為呼，著意沉實，氣沉丹田，實腹呼氣。虛步靜止

時，著意鬆靜、舒展、伸拔，呼吸自然。

3. 虛步蹲坐時間及深度因人而異，逐步增加。每次練習左右換勢次數亦然。以保持心神愉快、情緒飽滿和適度疲勞為準。

【歌訣】

手抱琵琶腿生根，頂頭鬆肩氣下沉。

屈腿落胯臀內斂，中正安舒靜身心。

【易犯錯誤】

1. 兩腿虛實不清，體重平均放於兩腿。

2. 上體前傾或後仰。

3. 躬腰駝背，上體萎縮。

4. 手臂緊張過直或鬆軟過屈。

5. 前腿挺直、緊張。

【糾正方法】

1. 初學者應有老師或伙伴在場，幫助檢查糾正。也可借助鏡子，隨時觀察校正自己的姿勢。

2. 適當提高屈蹲高度，精力更多地放在要領上。

3. 後腿酸痛不支時，及時休息或調換左右勢，避免過度疲勞，形成錯誤定型。

4. 努力找到正確感覺，樹立對身體鬆正、膨展的正確感覺判斷。

行步練習

行步練習是指各種步型、步法的訓練。太極拳的根基在腿，主宰在腰，行步如貓，輕靈沉穩。加強行步訓練，對提

圖12　　　　　　圖13　　　　　　圖14

升太極拳的基本技術、掌握太極拳要領、培養下肢力量有著重要意義。

（一）上步

【預備勢】

身體鬆靜站立，腳跟靠攏，腳尖分開，兩腳成八字形，兩手置於腰部。心平氣和，精神集中，呼吸自然，眼向前平視（圖12）。

【動作】

1. 上體左轉，屈膝蹲坐，身體重心移於右腿，左腳跟提起，頭轉看左前方（圖13）。

2. 左腳向左前方上步，腳跟輕落著地，腳尖翹起，左腿自然伸直，身體重心落於右腿，上體姿勢和高度均不變。眼平視左前方（圖14）。

3. 左腳輕輕收回，腳尖點地，恢復圖13姿勢。

4. 左腳再向前上步輕落，成圖14姿勢，如此反覆3～5

圖 15   圖 16

次。然後左腳收回踏實，身體重心移於左腿，上體右轉，右腳提起，換為右上步練習（圖 15、16）。

5. 右腿屈伸 3～5 次再換為左上步，左右勢輪換練習。

【要領】

1. 向前上步和向後屈收時，腳要輕提輕放，以點著地，虛實分明，重心平穩。上體姿勢與高度保持不變。

2. 屈膝屈髖，縮胯斂臀，上體端正舒鬆，呼吸自然通暢。

3. 屈蹲高度與練習次數要根據本人的腿部力量適當掌握。初學者姿勢宜稍高，練習次數逐漸增加，左右腿勤輪換。

【易犯錯誤】

1. 上步時身體後仰，落腳過遠、過重。收腳時蹬地、拖地，全腳踏落。

2. 動作快猛，重心不穩定。

太極拳入門與精進

圖 17　　　　　　　　圖 18

3. 上步距離過小，腿未伸直。

4. 身體上下起伏，或上體前傾後仰。

【糾正方法】

1. 動作力求柔、穩、輕、緩，控制好重心。

2. 初學時，適當提高屈蹲的高度，減少次數，避免支撐腿過於疲勞。

(二) 進步

【預備勢】

同上步（圖 12），惟方向轉為側向。

【動作】

1. 屈膝蹲坐，身體重心移於右腿，左腿提起向前上步（圖 17）。

2. 身體重心前移，左腳踏實，左腿屈膝前弓，右腿自然蹬直，成左弓步（圖 18）。

圖 19   圖 20

3. 左腿稍屈，重心後移，左腳尖翹起外轉（圖 19）。隨之上體左轉，身體重心前移至左腿，左腿屈弓，右腳提起收至左腳的踝關節處（圖 20）。

4. 右腳再向前上步（圖 21），右腿屈膝前弓，左腿自然蹬直，成右弓步（圖 22）。

5. 重心後移，右腳尖翹起外轉，左腳提起再向前上步，成左弓步。如此左右交替前進。

【要領】

1. 上體鬆正，重心平穩，動作連貫輕柔，兩腿虛實分明。

2. 弓步時前腿屈弓，膝關節與腳尖垂直，腳尖方向朝前。後腿蹬伸時腳跟可以轉動調整，直至腿自然蹬直，腳尖斜向前方。兩腳全腳踏實，並保持左右約 20 公分跨度。

3. 初學時宜採用自然呼吸。隨動作熟練逐步做到每步兩次呼吸。即上步時吸氣，向前弓步時呼氣；後坐轉體時吸

圖 21　　　　　　　　圖 22

氣，後腳收時呼氣。

【易犯錯誤】

1. 弓步時，後腳「掀底拔跟」或後腿明顯彎曲。

2. 前腿屈弓過大，膝關節超過腳尖；後腿緊張，膝關節挺直。

3. 兩腳沒有適當寬度，踩在一條直線上前進或左右交叉前進。

4. 上體後仰、前俯、擺晃、歪扭。

5. 腰部無旋轉，上體板正呆滯。

6. 同上步。

【糾正方法】

1. 同上步。

2. 初學者收腳時腳尖在支撐腳內側點地支撐，穩定一下重心。

3. 上步時控制好落點，落腳勿匆忙。落地後微停，檢查

圖 23　　　　　　　　　　圖 24

要領。

4. 弓步時身體重心三七開置於兩腿，後腳踩實。

5. 注意轉體與進步的協調配合，收腳時轉體屈髖，上步時轉體展膝伸腿。

(三) 退　步

【預備勢】

同上步（圖 12），惟方向轉為側向。

【動作】

1. 屈膝蹲坐，身體重心移於右腿；左腳輕輕提起，後退一步，腳尖點地（圖 23）。

2. 身體重心移向左腿，左腳踏實，右腳扭直，腳前掌著地，或右虛步（圖 24）。

3. 右腳輕輕提起，後退一步，腳尖點地（圖 25、26）。

4. 身體重心後移，右腳踏實，左腳扭直，腳前掌著地，

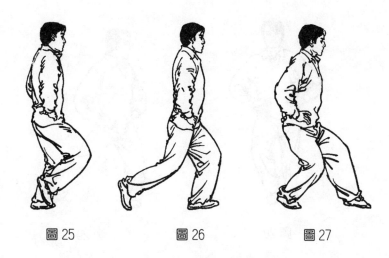

圖25　　　　　　圖26　　　　　　圖27

呈左虛步（圖27）。如此左右交替退步練習。

【要領】

1. 同進步。

2. 虛步時，身體重心大部分坐於後腿。前腿稍屈，腳尖朝前，後腳尖斜向前方。兩腳保持約10公分的跨度。

3. 初學者採用自然呼吸，動作熟練後，過渡為一步一呼吸。即提腳退步為吸，後坐虛步為呼。

【易犯錯誤】

1. 兩腿交叉，上體歪扭、搖晃。

2. 落腳沉重，提腳蹬地，動作過快、過猛。

3. 虛步時上體前俯、緊張，前腿挺直。

【糾正方法】

1. 落腳時，兩腳保持適當寬度，不要踩在一條直線上。

2. 注意屈腿落胯，膝關節鬆活，穩固下肢，放鬆上體。

3. 動作要輕、柔、匀、緩，控制好重心，先落腳點地，

圖 28　　　　　　　　　　　　圖 29

後再移身體重心。

4. 退步距離勿過大，落腳時後伸腿宜稍屈落地。

(四)側行步

【預備勢】

同上步（圖 12），惟兩腳併攏。

【動作】

1. 屈膝蹲坐，身體重心移於右腿，左腳提起（圖 28）。

2. 上體右轉，左腳向左側移動一步，腳尖點地（圖 29）。

3. 上體左轉，身體重心左移，左腳踏實，右腳收攏併步，兩腳平行朝前，相距約 20 公分（圖 30、31）。

4. 上體右轉，重心右移，左腳再向左側移動一步（圖 32、33）。

5. 右腳收攏併步，動作同前。如此連續練習，左行數次

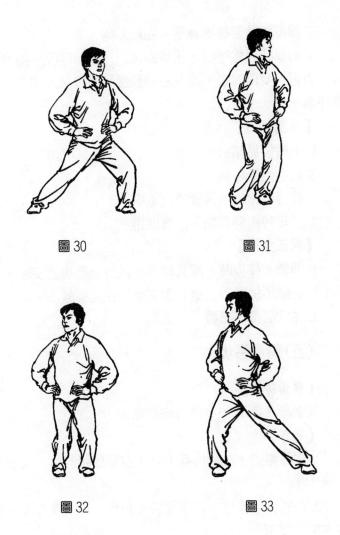

圖 30

圖 31

圖 32

圖 33

後，可反向右行練習。

【要領】

1. 頂頭豎頸，沉肩含胸，上體中正，腰髖鬆活，重心平衡，動作連貫輕勻。

2. 腳步移動要輕提輕落，點起點落。

3. 初學時自然呼吸，逐步過渡到一步一呼吸。如動作較慢，也可一步兩呼吸，即左右轉腰提腳時吸氣，開步、併步時呼氣。

【易犯錯誤】

1. 上體搖晃傾斜。

2. 重心上下起伏。

3. 收腳時蹬地，落腳時沉重。

4. 併步時兩腳靠攏，沒有間距。

【糾正方法】

1. 轉體、移步時，認真檢查，保持上體端坐姿態。

2. 分腳、併腳時，重心要完全放在支撐腳上。

3. 注意活腰、轉體。

(五) 轉身弓步

【預備勢】

同上步（圖12），惟方向側立。

【動作】

1. 屈膝蹲坐，左腳向前上步，左腿屈膝前弓，成左弓步（圖34）。

2. 身體重心後移，右腿屈膝（屈坐），上體右轉，左腳尖內扣（圖35）。

3. 身體重心左移，上體繼續右轉，右腳扭直，隨之收至左腳內側（圖36、37）。

4. 身體轉向後方，右腳向前上步，右腿屈弓，成右弓步（圖38、39）。

圖 34　　　　　圖 35　　　　　圖 36

圖 37　　　　　圖 38　　　　　圖 39

圖 40   圖 41

5. 身體重心後移，上體左轉，右腳尖內扣（圖40）。

6. 重心右移，上體左後轉，左腳收回再上步、弓腿，成左弓步（圖41、42、43、44）。如此反覆練習。

【要領】

1. 動作均勻連貫，移轉重心時要平穩，上體保持鬆正，兩腿屈弓鬆活，腳步移動輕靈。

2. 初學者宜自然呼吸，以後可做到每動兩次呼吸配合。即轉身時吸氣，提腳時呼氣；上步時吸氣，弓腿時呼氣。

【易犯錯誤】

1. 轉體時，上體後仰，身體搖晃，重心升高，兩腿虛實不清。

2. 同上步、進步。

【糾正方法】

1. 後坐轉身時，重心移動要充分，後腿屈伸要靈活，身體重心高度保持不變。

圖 42

圖 43

圖 44

2. 初學者轉體收腳後，腳尖可以點地，穩定一下再上步。

3. 同上步、進步。

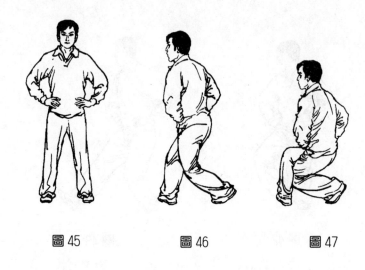

圖 45　　　　　　　　圖 46　　　　　　　　圖 47

（六）轉身歇步

【預備勢】

兩腳平行開立，比肩稍寬，兩手置於腰部（圖45）。

【動作】

1. 以兩腳前掌為軸，身體右轉，兩腿前後交叉，屈膝深蹲成歇步。前腳橫於體前，後腳腳跟離地，臀部接近後腳跟（圖46、47）。

2. 以兩腳前掌為軸，轉腳蹬地，身體直立，轉向前方，恢復預備姿勢（圖48）。

3. 腳前掌為軸，身體左轉，兩腿呈交叉，屈膝深蹲成左歇步。兩腳姿態同右勢，惟方向相反（圖49）。如此左右反覆轉身歇步練習。

【要領】

1. 兩腳轉動要靈活，歇步時兩腿交叉夾緊，屈腿深蹲，

圖48

圖49

轉腰順肩，身體斜向前方。

2. 上體保持正直，身體重心放在兩腿之間，略偏於後腿。

3. 歇步時，前腳全腳著地，腳尖外撇；後腳腳跟提起，腳前掌著地。臀部接近後腳；後膝貼近前膝窩向外側伸出。

4. 動作應連貫、穩定。

5. 初學時宜自然呼吸，逐步做到下蹲時呼氣，起身時吸氣。

【易犯錯誤】

1. 兩腳距離過大，兩腿未貼緊。

2. 兩腿未交叉，後腿跪地。

3. 上體前俯。

4. 兩腳轉動不靈活。

5. 身體緊張搖晃。

 圖 50　　　　　　　　圖 51

【糾正方法】

1. 兩腳轉動皆以腳掌為軸，距離不要加大。

2. 充分轉體，使兩腿交叉夾緊。

3. 轉體時逐漸降低重心。兩腿保持緊張，腳趾扣地。

4. 重心放在兩腿之間，上體中正下上蹲起。

(七)跟　步

【預備勢】

同上步（圖 12），惟方向側立。

【動作】

1. 屈膝蹲坐，左腳向前上步，重心前移，左腿屈弓成左弓步（圖 50）。

2. 右腳輕輕提起，收攏半步，腳前掌落於左腳後面（圖51）。

3. 身體重心後移，右腳落實，右腿屈坐，左腳提起向前

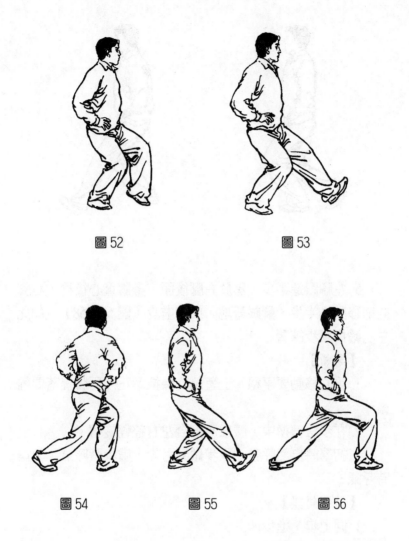

圖 52　　　　　　　　　圖 53

圖 54　　　　圖 55　　　　圖 56

移動小半步，腳跟著地，腳尖上翹，成左虛步（圖 52、
53）。

　　4. 上體左轉，左腳尖外撇，身體重心前移，右腳前進一
步，右腿屈膝前弓，成右弓步（圖 54、55、56）。

圖57　　　　　　　　　　　圖58

5. 左腳跟進半步，落於右腳後面，身體重心後移，右腳向前移動小半步，腳跟著地，成右虛步（圖57、58）。如此左右輪換跟步練習。

【要領】

1. 重心移動要平穩，上體始終保持鬆正。兩腳提落要輕靈。

2. 在步法轉換中，腰部應配合左右輕輕旋轉。

3. 初學時自然呼吸，逐步做到弓步、虛步時呼氣，轉換時呼氣。

【易犯錯誤】

1. 同上步、進步。

2. 跟步落腳過重，虛實不清。

【糾正方法】

1. 同上步、進步。

2. 收腳跟步要輕提輕落，控制好重心，先落腳，以後再

移動重心，過程要清楚。

運臂練習

運臂是指各種手型、手法及肩、肘、臂、腕、手指等上肢各部位的訓練。太極拳的主要技法，如掤、捋、擠、按、採、挒、肘、靠都要透過上肢動作完成。

太極拳運勁如抽絲，連貫圓活，綿綿不斷，剛柔相濟等運動特點，更要依靠上肢動作體現，所以人們常說太極拳根在腰腿，形於兩手。加強運臂基本功訓練，是提高太極拳技術的重要環節。

（一）分靠勢

【預備勢】

1. 身體自然站立，兩腳平行分開，距離同肩寬，兩手垂於身體兩側。全身鬆靜端正，精神集中，呼吸自然，眼向前平視（圖1）。

2. 兩臂徐徐向前平舉，至兩手高與肩平，寬與肩等，鬆肩墜肘，沉腕舒指，掌心向前下方（圖59）。

圖59

【動作】

1. 上體右轉，兩臂屈抱在右胸前，兩手上下相對，如抱球狀。右臂在上，右手高不過

圖60　　　　　　　　　　圖61

肩；左臂在下，左手低不過腰，兩臂皆成圓形，兩掌心斜相
對。上體保持端正，眼看右腕（圖60）。

　　2. 上體轉向前方，隨之兩臂交錯向前上方和後下方分
開。左掌停於體前，掌心斜向上，四指斜向前，高與肩平。
右掌停於右胯旁，掌心向下，指尖向前。兩臂分展後仍微屈
半圓，眼看左掌指（圖61）。

　　3. 上體左轉，兩臂在左胸前屈抱如抱球狀。左臂在上，
右臂在下，其它要求皆同右抱勢（圖62）。

　　4. 上體再轉向前方，隨之兩臂交錯前後分開。右掌停於
體前，左掌停於左胯旁，要求皆同左分靠勢（圖63）。如
此左右反覆練習。

　　【要領】

　　1. 頂頭沉肩，含胸直脊，轉腰運臂，協調一致。前臂向
斜前方含有靠勁，後手向下含有採勁，兩臂微屈，柔中寓
剛。

太極拳入門與精進

圖62　　　　　　　　　　　圖63

2. 兩臂抱球時應沉肩墜肘，屈臂虛腋，圓滿輕盈，有膨脹之感。

3. 開始時宜自然呼吸，熟練後應做到分靠時呼氣，抱球時吸氣。如動作較慢，也可用兩次呼吸完成。即分靠時一次吸呼，抱球時一次吸呼。

【歌訣】

左右抱分練分鬆，上靠下採似開弓。

轉腰運臂勁完整，柔中寓剛虛實明。

【易犯錯誤】

1. 動作緊張。抱球時聳肩抬肘；分靠時兩臂挺直。

2. 動作鬆懈。抱球時屈腕、折臂、夾腋；分靠時兩臂軟癱不展。

圖 64　　　　　　　　　　圖 65

（二）掤按勢

【預備勢】

同前（圖 59）。

【動作】

1. 兩臂屈收，兩掌經胸前收落至腹前，寬度與肩相等（圖 64）。

2. 兩臂前伸，兩掌推按至胸前，路線與屈收時大體相同（圖 65）。

【要領】

1. 屈收時鬆肩垂肘，五指自然分開，徐徐後引，含有掤勁。推按時頂頭沉肩，含胸豎脊，塌腕舒指，力在掌根。

2. 向後掤和向前推按皆要走弧形。

3. 初練時應自然呼吸，逐步做到掤引時吸氣，推按時呼氣。

圖66   圖67

【歌訣】

引進落空湏輕柔，掤在十指細探求。

推按發放千鈞力，聽化拿發鬼見愁。

【易犯錯誤】

1. 兩臂屈伸直進直退，未走弧形。

2. 兩臂忽開忽合，寬窄不定。

3. 兩手畫成立圓，前按形成上挑。

（三）摟推勢

【預備勢】

同前（圖59）。

【動作】

1. 上體右轉，左手經臉前向右畫弧擺至右肩前，掌心向下；同時右手翻轉下落，經腰側向斜後方舉起，高與肩平，掌心向上。眼看右手（圖66、67）。

圖68　　　　　　　　　圖69

2. 上體轉向前方，隨之左手下落，經腹前向左摟至左胯旁，掌心向下，五指向前；同時右手屈收，經肩上耳旁，向前推出，停於胸前，掌心向前，指尖與鼻尖相對。眼看前手（圖68、69）。

3. 上體左轉，右手隨之經臉前向左畫弧擺至左肩前，掌心向下；同時左手翻轉向側後方上舉，高與肩平，掌心向上。眼看左手（圖70、71）。

4. 上體再轉向前方，隨之右手下落經腹前向右摟至右胯旁；左手屈收，經肩上耳旁向前推出，掌心向前，指尖向上，高與鼻齊。眼看前手（圖72、73）。如此左右反覆摟推練習。

【要領】

1. 推掌時塌腕、舒指、頂頭、沉肩、含胸，同側肩略向前順。摟掌時手經腹前向體側畫弧。兩臂皆微屈成弧。

2. 運臂與轉腰要協調一致，動作要連貫圓活，一氣呵

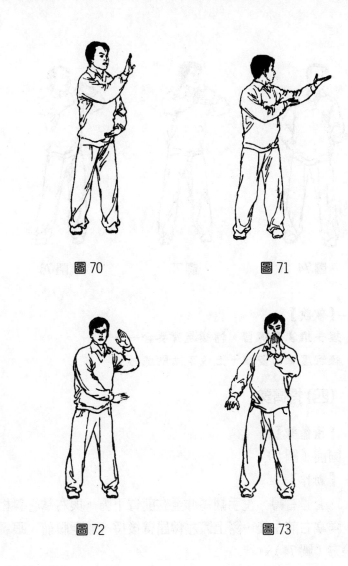

圖70

圖71

圖72

圖73

成。

　　3. 初練時應自然呼吸，熟練後應做到摟推時呼氣，轉腰擺臂時吸氣。

圖74　　　　　　　圖75　　　　　　　圖76

【歌訣】

摟手推掌勤練習，轉腰運臂要合一。

輕沉虛實巧變換，上攻下防顯威力。

(四) 挒擠勢

【預備勢】

同前（圖59）。

【動作】

1. 上體右轉，左手翻轉伸至右前臂下方，與右掌心斜相對，兩掌右前左後，隨上體左轉屈臂後挒，收至腹前，眼看右前方（圖74）。

2. 上體右轉，兩臂翻轉屈收上舉，右掌橫於胸前，掌心向內，左掌指附於右腕內側，掌心轉向前（圖75）。

3. 兩掌交搭，兩臂撐展，向右前方擠出，高與胸齊，兩臂撐圓。眼看右前臂（圖76）。

圖77　　　　　　圖78　　　　　　圖79

4. 上體轉向左前方，左掌經右掌上面向左前方平抹畫弧，掌心向下。同時右掌略收，停於左前臂下，兩掌心斜相對。眼看左掌（圖77）。

5. 上體右轉，兩掌後捋至腹前（圖78）。

6. 上體左轉，兩臂旋轉屈收上舉，兩掌交搭於胸前，隨之向左前方擠出。左掌橫於胸前，右掌四指附於左腕內側。

圖80

兩臂撐圓，兩掌心相對。眼看左前臂（圖79、80）。如此左右勢交換反覆練習。

【要領】

1. 捋擠動作應與腰脊旋轉協調配合，體重在兩腿間相應

移動。同時注意保持頂頭、豎脊、沉肩、含胸、撐臂等要領。

2. 後捋時兩掌前後交錯，前擠時兩掌前後交搭。換勢時兩掌平圓抹轉。

3. 熟練以後應結合呼吸：捋時呼氣，擠時呼氣，抹掌換勢時調整性呼吸。

【歌訣】

旋腰運臂練捋擠，走化發放打根基。

捋在掌心巧引進，擠在前臂人難敵。

平圓抹掌勢不斷，捋吸擠呼氣力宜。

【易犯錯誤】

1. 捋勢時屈臂後拉或直臂後擺，腰部無旋轉。

2. 擠勢時上體側對前方，力點不在前臂，形成肩靠肘頂。

3. 擠勢兩臂過直或過屈，沒有撐圓。

(五) 架推勢

【預備勢】

同前（圖59）。

【動作】

1. 上體右轉，兩臂屈收，兩掌在右胸前「抱球」，同分靠勢抱球動作（圖81）。

2. 上體轉向左前方，隨之左手經胸前翻轉上舉，架於頭部左上方，掌心斜向上；右手下落經胸前向左前方推出，掌心向前，指尖朝上，高與鼻尖相對。眼看右手（圖82、83）。

圖 81

圖 82

圖 83

圖 84

3. 兩手下落，在左胸前「抱球」，與分靠勢左抱球相同（圖84）。

4. 上體轉向右前方，隨之右手經胸前翻轉上舉，架於頭部右上方，掌心斜朝上；左手下落經胸前向右前方推出。掌

圖85 圖86

心向前，指尖朝上，高與鼻尖相對。眼看左手（圖85、
86）。如此左右勢反覆練習。

【要領】

1. 架推時應結合腰脊旋轉，身體重心在兩腿間相應移動。

2. 架掌時注意頂頭、沉肩、豎脊、撐臂。推掌時注意轉腰、順肩、合胸、墜肘、塌腕、舒指。

3. 熟練以後應結合呼吸，「抱球」時吸氣，架推時呼氣。

【歌訣】

運臂架推腰為軸，左旋右轉得自由。

沉肩墜肘輕塌腕，蓄吸發呼顯剛柔。

【易犯錯誤】

1. 舉手架掌時聳肩歪頭。

2. 推掌時上體歪扭，沒有轉腰順肩。

圖 87　　　　　　　　　　圖 88

（六）貫拳勢

【預備勢】

同前（圖 59）。

【動作】

1. 兩手翻轉下落置抱於腰側，掌心向上（圖 87）。

2. 兩手握拳，邊翻轉邊向兩側分繞，成鉗形合於頭前，高與額角平，兩拳眼斜向下，相距同頭寬，兩臂半屈成弧。眼向前平視（圖 88）。

3. 兩拳翻轉下落收於腰側，再次經體側鉗形向前貫打。如此反覆練習。

【要領】

1. 兩拳向前貫打時，應保持頂頭、沉肩、垂肘、塌腕等要領。

2. 兩臂分繞和下落時應注意前臂相應內旋外旋。

3. 熟練以後應做到，拳向前貫打時呼氣，向下收落時吸氣。

【歌訣】

貫拳繞打前臂旋，頂頭豎脊身勿偏。

兩臂撐圓沉肩肘，收吸擊呼氣力添。

【易犯錯誤】

1. 貫拳時聳肩、提肘、低頭。

2. 兩臂平行伸直，拳眼相對，力點不在拳面。

(七)雲手勢

【預備勢】

同前（圖 59）。

【動作】

1. 上體右轉，右手隨之右擺，掌心轉向內，左手落於腹前，掌心向下。眼看右掌（圖 89）。

2. 上體繼續右轉，右手經臉前，左手經腹前，同時向右雲轉畫弧，至身體右側時，兩手心翻轉，變成右手向外，左手向內，頭隨右手轉動（圖 90）。

3. 上體向左轉，兩手上下交換，隨上體轉動，同時向左雲轉畫弧，眼看左手（圖 91）。

4. 上體繼續左轉，兩手繼續左雲，至身體左側時，兩手同時翻轉，變成左手心向外，右手心向內（圖 92）。

5. 上體向右轉動，隨之右手經臉前，左手經腹前同時向右雲轉畫弧。如此循環反覆練習。

【要領】

1. 雲轉時兩臂保持半圓形，不可直臂或過於屈折。

圖89　　　　圖90

圖91　　　　圖92

2. 兩手雲轉路線成相交的兩個橢圓形，動作要連續不斷，與轉腰密切相合。

3. 保持頂頭、轉腰、直脊、豎頸、展背、含胸等要領。

4. 呼吸比較自由。右雲時可吸可呼，左雲時亦然。如

動作較慢，右雲、左雲時可各做一次呼吸。

【歌訣】

兩臂運轉練雲手，左右轉腰眼隨手。

周身完整勢連貫，呼吸調整聽自由。

【易犯錯誤】

1. 雲手時腰部無旋轉，手孤立擺動。

2. 腰手配合不協調，扭腰擺臀。

3. 屈臂過大，手離頭太近。

4. 舉手過頭。

5. 兩手動作不統一，顧此失彼。

(八) 撇拳勢

【預備勢】

同前（圖59）。

【動作】

1. 上體稍向右轉，兩手向身體右前方伸出，手心前後相對。眼看右手（圖93）。

2. 上體左轉，左手後撤展開，頭隨上體左轉（圖94）。

3. 右手握拳，收落於腹前，拳心向內；左手翻轉向上畫弧，再落於右前臂內側。頭轉看右前方（圖95）。

4. 上體右轉，右拳上舉經頭前向右前方撇打，高與眼齊，拳心向上，左手仍附於右前臂內側。眼看右拳（圖96）。

5. 上體左轉，左手前伸，右拳變掌，收於左前臂下，兩手斜相對（圖97）。

6. 上體右轉，右手後撤展開，頭隨上體右轉（圖98）。

圖 93   圖 94   圖 95

圖 96   圖 97   圖 98

圖99

圖100

7. 左手握拳，收落於腹前，拳心向內；右手翻轉畫弧落於左前臂內側。頭轉看左前方（圖99）。

8. 上體左轉，左拳上舉經頭前向左前方撇打，高與眼齊，拳心向上，右手位置不變。眼看左拳（圖100）。如此反覆左右勢交替練習。

【要領】

1. 動作應與轉腰相結合，身體重心在兩腿間相應移動。

2. 撇打時頂頭、沉肩、豎脊、沉氣，兩臂皆要保持弧形。

3. 向前撇打時應結合呼氣，運轉過程應自然呼吸，不可憋氣。

【歌訣】

泰山壓頂撇身捶，勢如長虹不可摧。

頂頭沉肩腰脊轉，氣沉丹田顯神威。

【易犯錯誤】

圖 101   圖 102

1. 撇拳時前臂折疊翻轉，做成反砸拳。

2. 舉拳過高，伸臂過直。

(九) 平圓掤按勢

【預備勢】

同前（圖 59）。

【動作】

1. 身體重心右移，上體右轉，右手隨之向右平擺，同時掌心翻轉向上，左手指輕附於右腕內側。眼看右手（圖 101）。

2. 身體重心左移，上體稍左轉，右臂屈收，右手經右側畫弧收於右肩前，掌指向右，掌心向上；左手仍附於右腕，隨右手畫弧屈收。眼看右手（圖 102）。

3. 上體繼續左轉，右手翻轉畫弧，向左擺至左肩前，掌心轉向左。左手隨之翻轉畫弧，掌心向內，仍附於右腕內

圖 103　　　　　　　圖 104　　　　　　　圖 105

側。眼看右手（圖 103）。

4. 身體重心右移，上體右轉，右手隨之向右前方畫弧推按，掌心向前；左手隨右手畫弧，附於右腕仍不變。眼看右手（圖 104）。

5. 身體重心左移，上體左轉，左手平擺前伸於左前方，手心向上；右手扶於左腕內側，掌心向下，與右手同時擺動。眼看左手（圖 105）。

6. 身體重心右移，上體稍右轉，左臂屈收，左手經左側畫弧收於左肩前，掌指向左，手心向上；右手隨左手畫弧屈收，仍附於左腕部。眼看左手（圖 106）。

7. 上體繼續右轉，左手隨之翻轉畫弧，向右擺至右肩前，手心轉向右；右手同時翻轉畫弧，手心轉向內，仍附於右腕內側。眼看左手（圖 107）。

8. 身體重心左移，上體左轉，左手隨之向左前方畫弧推按，掌心向前；右手隨左手畫弧，附於左腕不變。眼仍看左手（圖 108）。如此左右反覆循環練習。

圖 106　　　　　圖 107　　　　　圖 108

【要領】

1. 手臂動作要連貫圓活，呈平圓轉動，並與轉腰和身體重心移動相配合。

2. 上體保持鬆正，頂頭沉肩，含胸立腰，兩臂屈伸旋轉鬆活。

3. 屈臂後收時垂肘沉肩，轉腰頂頭。

4. 按掌時塌腕舒掌，墜肘沉肩，勁力完整沉實。

5. 推按時呼氣，擺臂轉掌時吸氣。

【歌訣】

平圓掤按勢不停，擺臂旋掌胸肩鬆。

頂頭豎頸腰脊轉，後掤前按虛實明。

【易犯錯誤】

1. 屈臂收掌向後畫弧時，抬肘、聳肩、歪頭。

2. 推按一晃而過，手法不清，勁力不實。

3. 腰手脫節，沒有以腰的旋轉帶動上肢動作。

圖109　　　　　　　　　　　圖110

腿功練習

　　腿功是指各種腿法以及提升下肢柔韌性和控制能力的訓練。所有武術項目都十分重視腿功訓練，它是高質量完成技術動作、提升身體素質的重要保證。

（一）壓　腿

【方法】

　　1. 正壓：身體正面對支撐物，一腿支撐，另一腿前平舉，腳跟放在肋木或其它支撐物上，腳尖勾起，膝部挺直，兩手按於膝部或抱住腳尖，上身反覆前俯振壓（圖109），力量和幅度逐漸加大，使下頦盡量觸及腳尖。左右腿輪換練習。如果腿部高舉，腳放在較高支撐物上，稱高壓腿（圖110）。腳放於地面時，稱低壓腿（圖111）。高壓、低壓的方法和要領皆與前相同。

圖 111　　　　　　　　　　圖 112

圖 113　　　　　　　　　　圖 114

　　2.**側壓**：身體側對支撐物，一腿支撐，另一腿平放或高放於支撐物上，或放於地面，腳尖勾起，異側手上舉，同側手外撐，上體反覆側倒振壓，力量和幅度逐漸加大，使頭部盡量觸及腳尖（圖 112、113、114）。兩腿輪換練習。

　　3.**仆壓**：兩腳左右大步開立，一腿屈膝全蹲，同側手按

圖115　　　　　　　　　圖116

於膝部。另一腿向體側伸直
鋪平，同側手扳握腳外側。
上體向伸直腿一側反覆傾俯
振壓，使頭部盡量接近腳尖
（圖115）。兩腿輪換練
習。

圖117

　　4. 坐壓：身體坐於地
面，兩腿伸直，左右分開，
兩腳尖勾起，兩手按於膝部或扳住腳尖，上體反覆前俯振
壓，使下頦盡量接近腳尖（圖116、117）。兩腿輪換練習。

　　【要領】

　　1. 向前振壓時，要保持豎腰展體，直脊收髖。向側振壓
時要挺胸展髖。

　　2. 振壓力量要由小而大，幅度因人而異，用力不可過
猛，防止傷害。

　　3. 一腿練習後要放鬆擺動，再換壓另一腿。

　　4. 正壓腿、側壓腿時兩腿皆要挺直。仆壓腿時兩腳平行
或稍外展，兩腳皆踏實地面。坐壓時，兩腿盡量分開。

圖 118　　　　　　　圖 119

【易犯錯誤】

1. 彎腰、低頭、屈腿。

2. 正壓腿時扭腰展胯，上體不正。

3. 仆壓腿時腳跟或腳外側「掀地拔根」。

(二)扳　腿

【方法】

1. **正扳**：背靠肋木或牆壁直立，一腿前上舉，另一人手托其腳跟，另一手扶其肩，向上托舉振壓，力量和振幅由小漸大，使其腳尖盡量接近前額（圖 118）。兩腿交換練習。

2. **側扳**：側靠肋木或牆壁直立，一腿側上舉。另一人一手托其腳跟，另一手拉住其托起腳同側手，反覆向上托舉振壓，力量和振幅逐漸加大，使其腳尖盡量接近頭部。練習者靠肋木一側之手相應上舉側振，儘可能接近或觸及腳尖（圖119）。兩腿輪換練習。

圖 120

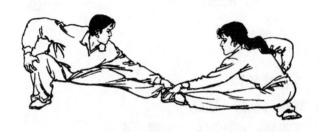

圖 121

3.仆扳：二人左右開步側立，方向相反，同側腳外側相抵，同側手拉握，同時仆步向下振壓，最後互相搬住對方腳內側仆步靜止扳壓（圖120、121）。兩腿輪換練習。

4.抱扳：一腿支撐獨立，另一腿屈膝高提，兩手分別抱住膝外側和踝外側，用力向胸前扳壓，使大腿貼近胸部，身體保持正直穩定（圖122）。兩腿輪換練習。

【要領】

1.兩人配合練習時要默契協調，量力而行，不可過急過猛。

2.柔韌性好的人可以自行托住腳跟正、側扳壓（朝天

圖122

圖123

圖124

蹬）。

3. 一腿扳壓後要放鬆擺動，再扳壓
另一腿。

4. 餘同壓腿。

【易犯錯誤】

同壓腿。

（三）踢　腿

【動作】

1. 正踢：

圖125

① 身體直立，正向前方，兩手平
撐於體側，右腳向前墊步，左腿腳尖勾起，迅速向前額直擺
上踢。擺踢後腳輕落於身前，腳尖點地（圖123、124、
125）。

② 左腳稍向前墊步，右腿向上直擺，右腳尖向前額擺

圖126　　　　　　　　　　圖127

踢（圖126、127）。兩腿輪換進行練習。

2.斜踢、側踢：斜踢腿是兩腿交替向斜上方擺踢至異側額角處。側踢是上體側轉，兩腿交替側擺上踢至頭側處。斜踢、側踢動作參閱正踢腿。

【要領】

1.支撐腿伸直站穩，上體正直，兩臂側撐（側踢時一臂上舉，一臂外撐），挺胸抬頭，正視前方。

2.踢腿時鬆髖收腹，挺膝勾腳，快踢輕落，腳尖盡量踢近前額或下頦（側踢接近耳側）。

3.踢腿速度和力量要逐漸加大，高度因人而異，循序漸進。練習以後要放鬆走動。

【易犯錯誤】

1.彎腰、低頭、屈腿。

2.展腹送髖，踢擺過高。

3.踢腿鬆懈無力，慢起重落。

圖128 圖129

4. 身體搖晃不穩，支撐腳「拔根」。

【糾正方法】

1. 手扶肋木原地踢擺練習。

2. 墊步不要過大。

3. 降低高度，先踢低腿，落地後稍停，再踢下一腿。

(四) 控　腿

【動作】

1. 獨立：

身體自然站立，重心移於右腿，獨立支撐，左腿屈膝上提於體前，大腿高於腰位的水平線，小腿下垂內收，腳面展平。左手成側掌挑舉於頭前，指尖與眼平，右手下按於體側。上體斜向前方，眼看左指（圖128）。以此勢練至體力稍感不支時，左腿下落，左腳踏實，身體重心移於左腿，左腿獨立支撐，右腿屈膝上提至體前（圖129）。如此左右兩

圖 130   圖 131

腿輪換獨立控腿練習。

2. 蹬腳：

① 身體自然直立，身體重心移於右腿，上體右轉約
45°，隨之左腿屈膝高提，兩手於腹前交叉，兩臂合抱舉於
胸前，掌心向內（圖 130）。

② 兩手經頭前左右分開，舉於體側，掌心向外，兩臂
微屈。同時左腳向前上方慢慢蹬出，腳跟用力，腳尖上翹。
眼平視前方（圖 131）。

③ 蹬腳以後控腿站穩，左腿盡量上舉，腳跟上蹬，身
體穩定，至體力稍感不支時左腿屈收，左腳落於原地，身體
重心移於左腿，上體左轉，兩臂經體側下落。頭轉視右前方
（圖 132）。

④ 左腿蹬地支撐，右腿屈膝高提，兩手於腹前交叉，
隨之兩臂合抱舉於胸前，掌心向內（圖 133）。

⑤ 兩手經頭前畫弧分開，舉於體側，掌心向外，兩臂

圖 132　　　　　圖 133　　　　　圖 134

微屈。同時右腳向前上方慢慢蹬出，控腿高舉，腳跟用力，腳底朝上，全身平衡靜止。眼平視右前方（圖 134）。待體力不支時，再屈腿落腳，換成左蹬腳控腿。如此左右輪換練習。

【要領】

1. 獨立步控腿時，支撐腿伸直站穩，屈膝提腿高舉，大腿靠近胸部。上體保持正直。

2. 蹬腳控腿時，兩腿都要蹬直。蹬出腿盡量高舉，腳與前手上下相對。上體保持正直。

3. 動作要柔和連貫，手腳配合要協調一致。控腿後重心要穩定，並做到頂頭、立腰、沉肩、展臂，呼吸自然。

4. 控腿高度和時間因人而異，逐步增加。初學時控腿不宜過高、過久，以免形成錯誤定型。

【易犯錯誤】

1. 重心不穩。

圖 135　　　　　　　　　　　圖 136

2. 上體緊張歪扭，或後仰送髖。

3. 低頭、彎腰、屈腿、揚臂。

【糾正方法】

1. 以一手扶持肋木做控腿練習。

2. 低舉腿，勤輪換，不要過於疲勞。

3. 先做壓腿、踢腿練習，充分活動以後再練控腿。

(五)拍　腳

【動作】

1. 併步直立，兩臂側平舉，兩掌外撐，塌腕舒掌。

2. 左腳向前半步，身體重心前移，上體半向左轉。同時右手稍向上舉。眼看前方（圖 135）。

3. 左腿支撐，右腿向前上方擺踢，腳面繃平，右手在頭前迎拍右腳面，擊拍準確、響亮。上體正直，左手在側後方撐舉，位置不變。眼看擊拍腳（圖 136）。

圖 137

圖 138

4. 擊拍後右腳屈收，再向前落步。隨之身體重心前移，上體右轉，左手向上、向前擺至頭前，右手向下、向後擺至側後。眼看左手（圖 137、138）。

5. 右腿支撐，左腿向前上方踢擺，腳面繃平，左手在頭前迎拍左腳面，拍擊要準確、響亮。右手後撐，位置不變。眼看擊拍腳（圖 139）。

如此左右輪換擊拍，連續行進練習。

【要領】

1. 頂頭立腰，兩腿皆要自然伸直。

2. 擊拍時繃腳抖腕，擊響處位於擺踢的最高點。

3. 落腳上步時腳尖稍外

圖 139

圖 140　　　　　　圖 141　　　　　　圖 142

撇，步幅約一腳長。掄臂動作與轉腰順肩配合一致。

【易犯錯誤】及【糾正方法】

同踢腿、控腿。

（六）擺　腿

【動作】

1. 擺蓮腳：

① 兩腳平行開立，兩腿稍屈，上體左轉，身體重心左移，兩手畫弧右擺至體側。眼看左前方（圖140）。

② 左腿蹬地，右腿向左、向上、向右扇形踢擺，腳面繃平，兩手自右向左揮擺，在頭前先後迎拍右腳面。準確、響亮。眼看擊拍腳（圖141、142）。

③ 擊拍後，右腳屈收，擺至右側輕輕落地，身體重心隨之移至右腿。眼看右前方（圖143、144）。

④ 右腿蹬地，左腿向右、向上、向左扇形踢擺，腳面

圖143　　　　　　　　　　　圖144

圖145　　　　　　　　　　　圖146

繃平，兩手自左向右揮擺，在頭前先後迎拍左腳面，準確、響亮（圖145、146）。

　　如此兩腿左右輪換練習。

　　⑤ 擺動腿也可向前落地，成行進間擺蓮腳練習。

圖147　　　　　　　　　　圖148

2.外擺腿：

① 預備勢與踢腿相同。

② 右腳向前方上半步，左腳尖勾緊，由右側向上踢起，經頭前向左弧形外擺，直腿落在右腳旁。眼向前平視（圖147、148、149）。右掌可在左上方擊拍左腳外側，也可不做擊響。

③ 左腳向前方上半步，換做右腿外擺練習。

如此兩腿交替進行。

3.裡合腿：

① 預備勢同踢腿。

② 右腳向前方上半步，左腳腳尖上勾內扣，由左側向上踢起，經頭前向右弧形內擺裡合，直腿落於右腳前外側。目向前平視（圖150、151、152）。右手可在右上方擊拍左腳底，也可不做擊響。

③ 左腳向前方上半步，換做右腿裡合練習。

圖149   圖150

圖151   圖152

如此兩腿交替進行。

【要領】

1. 腿擺成扇形，擺動幅度要大，兩腿皆要自然伸直。

2. 擺腿時頂頭、立腰、挺胸、鬆髖、開合胯。

圖 153

3. 連續擺腿行進路線可稍呈蛇形。

【易犯錯誤】

1. 擺腿幅度不夠。

2. 同踢腿、控腿。

【糾正方法】

1. 多做提高髖關節靈活性的練習，如展胯、橫劈叉、屈腿、提拉繞環等。

2. 參閱踢腿、控腿。

(七) 劈　腿

【方法】

1. **豎叉：**兩腿前後分開成直線，前腿後側著地，腳尖勾起，後腿內側成前側著地。上體正直，胯部落於地面。兩手側平舉或左右扶地。目視前方（圖 153）。

2. **橫叉：**兩腿左右分開成直線，雙腿雙腳內側著地。上體正直，胯部落於地面。兩手側平舉，也可上體前俯，兩手在體前扶地（圖 154）。

【要領】

圖154

1. 開襠展胯，挺胸立腰，兩腿伸直。

2. 初學者應手扶肋木或雙手撐地，逐步劈腿下振，高度逐漸下降。切忌過猛過急，發生傷害。

【易犯錯誤】

1. 兩腿未成直線，兩腿彎曲或襠部未充分展開。

2. 臀部坐在地上。

發勁練習

發勁是指太極拳練習中，結合不同的身法、手法、腿法爆發性的運勁發力。它不僅在推手對抗中廣泛運用，在一些套路動作中也時常出現。太極拳「發勁」要做到周身協調一致，冷快鬆彈，剛中寓柔，氣力合一，蓄如開弓，發似放箭。它是太極拳技術的重要組成部分。

(一)捋 擠

【預備勢】身體自然直立，兩臂下垂，心靜體鬆，呼吸自然（圖155）。

圖 155　　　　　　　　圖 156

【動作】

1. 右腳向右後方撤一步，左腿屈弓成左弓步，兩臂向左前方伸出，手心斜相對。眼看左手（圖 156）。

2. 重心後移，上體右轉，兩手捋至腹前（圖 157）。

3. 上體左轉，兩臂旋轉屈收，左前臂橫於胸前，手心向內，右手附於左腕內側，手心朝前。周身鬆靜，呼吸勻細，腰背蓄力。眼平視前方（圖 158）。

4. 右腿蹬地，腰腿突然發力，身體向前下鬆沉，壓縮左腿稍向下、向前屈弓，重心移於兩腿之間，兩腳扣緊地面。同時兩臂撐圓，以左前臂為力點，隨腰腿發力向前擠出。眼平視前方（圖 159①）。

【要領】

1. 發勁須快速突然，力點集中，周身完整，同時配合短促呼氣，腹肌繃緊，氣沉丹田，以氣催力，表現出爆發性彈力。發勁後，全身立即恢復自然平靜。

圖 157　　　　　　　　　　圖 158

圖 159①　　　　　　　　　圖 159②

2. 發勁時立身中正，頂頭沉肩，含胸圓背，兩臂撐滿，屈腿鬆膝，兩腳踏實地面。

3. 左勢動作反覆練習6～8次，然後換做右勢（圖159②）。右勢亦反覆練習6～8次，力求動作準確，發展均

圖 160

圖 161

衡。

4. 初學時發力不要急於求大求猛，應從動作協調完整入手，體會掌握要領。

【易犯錯誤】

1. 身體緊張，發力僵硬。

2. 力量集中於上肢，與腰腿脫節。

3. 弓腿過大，伸臂過直。

（二）前 按

【預備勢】

同前勢（圖 155）。

【動作】

1. 右腳向右後方退步，上體右轉，重心後移，成左虛步。兩手隨之翻轉收於腹前，手心朝上。眼平視左前方（圖 160）。

圖162①　　　　　　　　　圖162②

2. 兩手翻轉合於體前，左手高與肩平，右手合於左肘內側。周身鬆靜，腰背蓄力，呼吸勻細。平視前方（圖161）。

3. 右腿蹬地，身體突然向下、向前鬆沉，壓縮左腿向前屈弓，重心移於兩腿之間，腳趾扣地。同時兩掌塌腕舒指，掌根著力，虎口撐圓，隨腰腿發力向前按出，表現出爆發彈力（圖162①、162②）。

【要領】及【易犯錯誤】

同挒擠勢。

（三）擠　靠

【預備勢】

同前勢（圖155）。

【動作】

1. 右腳向右後方退步，腳尖外展，上體右轉，重心後移，右手翻轉收於腰間，手心向上，左手翻轉上舉，高與肩

圖 163　　　　　　　圖 164　　　　　　　圖 165

平，手心向上。頭轉看右後方（圖 163）。

2. 右手經身體右側畫弧上舉，左手經頭前、右肩前握拳畫弧下落，頭轉看左前方（圖 164）。

3. 右手屈收於左胸前，立掌向左，左拳落於左大腿內側，拳眼向內，拳面向下。含胸吸氣，腰背蓄力，重心偏於右腿（圖 165）。

4. 右腿蹬地，身體突然向下、向前鬆沉，壓縮左腿向前屈弓，重心落於兩腿之間成半馬步。

同時以左肩、左大臂為力點，隨腰發力向左前方擠靠衝撞。右手附於左臂內側助力發勁。眼看左前方（圖 166①）。

【要領】

1. 發勁時步型成半馬步，上體側向左前方，右肩、右腿微向內扣，襠口撐圓，兩腳約成 90°。

2. 發勁快速突然，周身完整，腰腿發力，短促呼氣。

圖 166① 　　　　　 圖 166② 　　　　　 圖 167

3. 此動作反覆做 6～8 次，然後換右勢練習（圖 166
②）。

4. 餘同捋擠勢。

【易犯錯誤】

同捋擠勢。

(四)壓 肘

【預備勢】

同前勢（圖 155）。

【動作】

1. 左腳向左分開一大步，屈腿下蹲，重心左移，上體左
轉。兩手握拳，左拳屈臂提至胸前，拳心朝下，右拳擺至左
膝內側，拳心向內（圖 167）。

2. 重心右移，上體右轉。右臂內旋，屈臂外撐，前臂橫
於右胸前，拳心轉向外；左臂外旋，豎臂外撐，左拳停於右

圖168 圖169

臂內側，拳心轉向內（圖168）。

3. 上體正轉，含胸吸氣，腰背蓄力，重心上升。右臂翻滾外旋，右拳於頭前右側，左拳收於腹前（圖169）。

4. 身體突然左轉下沉，壓縮兩腿向下屈蹬，重心移向左腿，成側弓步。同時右前臂滾肘下壓，右拳落於身體前方，高與胸齊，拳心向上，與側弓步方向約60°；左拳隨之收至左腰間，拳心亦向上。眼看右拳（圖170①）。

【要領】

1. 滾肘前壓與轉腰弓腿協調一致，發勁快速完整，力點在前臂外側。

2. 發勁時注意頂頭豎脊，轉腰順肩，短促呼氣，氣沉丹田，兩腳踩實地面，兩臂前壓後拉，對稱相爭。

3. 右壓肘反覆做6～8次後換做左勢（圖170②）。左右勢輪換練習。

4. 餘同捋挒勢。

圖 170①   圖 170②   圖 171

【易犯錯誤】

同捋擠勢。

（五）沖　拳

【預備勢】

同前勢（圖 155）。

【動作】

1. 左腳向左分開一大步
（圖 171）。

2. 上體稍左轉，兩手經兩
側上舉；重心稍向左移，左腿
微屈，右腿蹬直（圖 172）。

圖 172

3. 兩腿屈蹲，上體右轉，重心右移。兩臂外旋，兩肘內
合，兩手經頭前掩合下落，左掌置於胸前，右掌變拳合於左
腕內側，拳心掌心皆朝上。屈膝縮胯，含胸弓背，吸氣蓄力

圖 173

圖 174

（圖 173、174）。

4. 右腿突然蹬地，上體迅速左轉，左腿屈弓成左弓步。同時右拳向前抖彈沖打，與弓步方向約 60°，高與胸齊，拳心向下；左拳拉至左腰間，拳心向上。眼看右拳（圖 175①）。

【要領】

1. 沖拳發勁與蹬腿轉腰協調一致，表現出周身完整的爆發彈力。

2. 注意頂頭順肩，豎脊轉腰，實腹呼氣，兩臂前沖後拉。

3. 沖拳後右臂立即自然放鬆，右拳鬆握。

4. 左右勢輪換練習（圖 175②）。

5. 餘同捋擠勢。

【易犯錯誤】

1. 掩手蓄力時肘關節外揚。

圖175①

圖175②

2. 沖拳時前臂反彈，做成撩拳。

3. 周身緊張，發力僵硬。

4. 發力集中於上肢，與腰腿脫節。

（六）撇　打

【預備勢】

同前勢（圖155）。

【動作】

1. 右腳退一步，重心後移，上體右轉，左手握拳擺至腹前，拳心向內，右手附於左前臂內側，頭轉看側後方（圖176）。

2. 屈臂上舉，高與肩平，含胸吸氣，腰背蓄力，重心略

圖176

圖 177　　　　　　圖 178①　　　　　　圖 178②

向上升，頭轉看左前方（圖 177）。

　　3. 右腿蹬地，上體左轉，身體突然向下、向前鬆沉，壓縮左腿屈弓，重心前移，成左弓步。

　　同時左拳經頭前快速向前撇打，力點在拳背，高與鼻齊，方向與弓步一致。右手附於左前臂內側助勢發勁。眼看左拳（圖 178①）。

　　【要領】

　　1. 撇拳發勁與轉腰、弓腿、沉肩、呼氣協調一致。

　　2. 左右勢輪換練習（圖 178②）。

　　3. 餘同挒擠勢。

　　【易犯錯誤】

　　同挒擠勢。

圖 179

圖 180

（七）撩　彈

【預備勢】

同前勢（圖 155）。

【動作】

1. 左腳向左分開一大步（圖 171）。

2. 屈膝半蹲，重心右移，上體右轉，略向前傾。左臂隨轉體自左向右前方撩甩，左掌鬆彈撩出，高與腹平，虎口向上，力點在虎口；右手收於左肩前，手心向內（圖 179）。

3. 蹬地轉腰，上體迅速左轉，撐襠沉胯，重心偏於左腿成偏馬步。同時右臂內旋，由屈而伸，右拳快速向右前下方彈出，拳眼朝內，力點在拳輪（小指側）。左手隨之握拳後拉，收至腰間，拳心向上。眼看右拳（圖 180）。

【要領】

1. 左撩右彈須與蹬腿轉腰密切配合，腰腿發力，甩臂抖

圖181　　　　　　　圖182

腕，表現出脆快鬆活、周身完整、剛中寓柔的特點。

2. 發勁要有爆發性。並配合撩吸彈呼，做到氣力合一。

3. 注意轉腰豎脊，轉髖活膝，合胯開胯，屈臂伸臂，兩腳踩地，穩固支撐。

4. 此動作反覆練習幾次，然後換做左勢（圖181、182），左右勢輪換練習。

5. 初學者不宜追求力大，應注意動作協調鬆順，使腰腿和上肢協調一致。

【易犯錯誤】

1. 用力緊張，身體僵硬。

2. 發力集中於上肢，與腰腿脫節。

3. 重心移動和起伏過大。

第三節 太極拳基本動作

　　基本動作可以是一個動作，也可以由幾個動作組合而成。每個動作的內容都是由不同的手型、手法、步型、步法、身法、腿法以及跳躍、平衡所組成，並表達了一定的攻防含意（招法）。基本動作練習，不僅可以更好地規範地掌握太極拳的型和法，而且可以提高動作的協調性和技巧性，為完整套路練習打下基礎。

野馬分鬃

【內容組成】

　　弓步、上步、分靠練習。

【攻防含意】

　　右手採下對方手腕，左手插入對方右腋下，同時左腳向前上步，伸到對方身後，用左前臂的分靠之力，將對手向後掀倒。

圖 183　　　　　　圖 184　　　　　　圖 185

【預備勢】

　　兩腳平行開立，兩手徐徐前平舉，手和腳皆同肩寬，上體保持自然鬆正（圖 183）。

【動作】

　　1. 屈膝下蹲，兩手輕按，上體鬆正端坐（圖 184）。

　　2. 兩手右上左下在胸前「抱球」，左腳提起收於右踝內側（圖 185）。

　　3. 上體左轉，左腳向前上一步，兩腳保持約 20 公分橫向寬度（圖 186）。

　　4. 左腿屈弓，右腿自然蹬直，成左弓步。兩手前後分開，左手高與肩平，手心斜向上；右手下按至右胯旁，如「運臂」之抱分勢（圖 187）。

　　5. 重心稍後移，上體左轉，左腳尖外撇（圖 188）。

　　6. 右腳提收至左踝處，兩手左上右下在左胸前「抱球」（圖 189）。

圖 186　　　　　圖 187　　　　　圖 188

圖 189　　　　　圖 190　　　　　圖 191

　　7. 上體右轉，右腳向前上一步，兩腳橫向寬度約 20 公
分（圖 190）。

　　8. 右腿屈弓，左腿自然蹬直，成右弓步。兩手前後分開
如「運臂」之抱分勢（圖 191）。

圖 192　　　　　　圖 193　　　　　　圖 194

9. 重心稍後移，上體右轉，右腳尖外撇，左腳提收至右踝處，兩手右上左下在右胸前「抱球」（圖192）。

10. 左腳向前上步成左野馬分鬃勢（圖193）。如此左右交替進行練習。

11. 收勢時，後腳收攏半步與前腳齊平，兩膝半屈，兩腳與肩同寬。兩手前平舉至肩前（圖194）。然後身體徐徐起立，兩手下垂，左腳併攏還原。

【要領】及【易犯錯誤】

1. 同基本功進步和抱分勢。

2. 初學時可以中途稍停頓，收腳後腳尖點地，穩定重心，邊想邊做。熟練後應做到圓活連貫，勢變勁不斷，不可停頓割裂，也不可忽快忽慢，忽高忽低。

圖 195　　　　　　　　圖 196

手揮琵琶——倒卷肱

【內容組成】

虛步、退步、推掌練習。

【攻防含意】

手揮琵琶——右手採住對方右腕，左手托其右肘，兩手向內合力，撅拿對方右臂。此勢為反關節拿法。

倒卷肱——左手接住對方打來的右手，順勢向後退步捋帶，同時右手屈收經肩上向對方胸前推擊。

【預備勢】

同前勢，惟呈側立方向（圖 195）。

【動作】

1. 兩腿屈蹲，兩手下按至腹前，上體保持鬆正（圖 196）。

圖197　　　　　　　　　圖198

2. 右腳尖外撇，上體稍右轉，重心右移，左腳提起。同時兩手向兩側畫弧上舉，高與肩平（圖197）。

3. 左腳前移半步，腳尖上翹，腳跟著地，重心大部落於右腿，成左虛步。兩手自體側向身前合攏，左手成側立掌收至頭前，右手也成側立掌收至胸前，掌心與左肘相對。兩臂皆半屈成弧，同前虛步樁。眼看左手指（圖198）。

4. 上體右轉，右手向下向後畫弧展開，舉於身體右後方，手心向上，高與肩平。左手同時翻轉向上向前伸展。眼看右手（圖199）。

5. 左腳提起經右踝內側向後退一步，腳前掌輕落地面。同時右臂屈捲，右手收至右耳旁，掌心向下。眼看左手（圖200）。

6. 重心後移，上體左轉，右腳以前腳掌為軸扭直，成右虛步。同時左手撤收至左腰間，手心向上；右手向前立掌推出，掌心向前，高與肩平。眼看右掌（圖201）。

圖 199

圖 200

圖 201

圖 202

7. 上體左轉，左手向後畫弧展開，舉於身體左後方，掌心向上；右手同時翻轉向上。眼看左手（圖 202）。

圖203   圖204

8. 右腳經左踝內側向後退一步，腳前掌輕落。同時左臂屈捲，左手收至耳旁，掌心向下。眼看右手（圖203）。

9. 重心後移，上體右轉，左腳扭直，成左虛步。同時右手收至右腰間，左手向前立掌推出。眼看左手（圖204）。如此左右交替退步推掌練習。

10. 收勢時，後腳前上半步，與前腳齊平，兩腳與肩同寬。後手前伸，兩臂前平舉（圖194）。然後徐徐起立還原。

【要領】

1. 此勢可與前野馬分鬃連接練習。即向前進步做野馬分鬃，成左勢後右腳跟進半步，重心後移，左腳前移半步，腳跟著地成左虛步。同時兩手自體側向身前合手成手揮琵琶勢，再向後退步接做倒卷肱。

2. 虛步時兩腳保持約10公分寬度；退步時，上體保持平穩鬆正。

3. 餘同基本功退步。

【易犯錯誤】

1. 退步時，上體歪扭搖晃，兩腿交叉退步成 S 形。

2. 虛步時，兩腳橫向過寬或過窄；或後腿向前夾襠，造成下肢緊張。

3. 餘同基本功退步。

轉身推掌

【內容組成】

丁步、轉身上步、跟步、摟手、推掌。

【攻防含意】

對方從側後方踢來，我迅速向後轉身，左（右）手摟開對方之腳，左（右）腳上步，右（左）腳跟步逼近對方，以右（左）手向對方推擊。

【預備勢】

同前（圖183）。

【動作】

1. 上體左轉，兩腿屈蹲，重心右移，右腳尖內扣，右腳跟提起。右手向下向右畫弧擺動，手心翻轉向上；左手向上、向右畫弧擺至右肩前（圖205）。

2. 上體後轉，左腳向左前方上步，腳跟著地。左手向下

圖205

圖 206　　　　　　　　　圖 207

摟至腹前，掌心向下；右手上舉於右後方，高與頭平。眼看
右手（圖 206）。

　　3. 重心前移，上體左轉，右腳跟步至左腳側後方，距左
腳跟約 10～20 公分，腳前掌著地成丁步。同時左手摟至左
胯旁，掌心朝下；右手屈收經耳旁向前推出，掌心向前，高
與肩平。眼看右手（圖 207）。

　　4. 重心稍後移，上體右後轉，左腳尖內扣，右腳跟落
地後隨之提起向內扭轉。右手收至左肩前，右手向左上擺動
（圖 208）。

　　5. 右腳向右前方上步，腳跟著地。右手下摟至腹前，左
手屈收舉於左肩上，手心向前，高與頭平（圖 209）。

　　6. 重心前移，上體右轉，左腳跟步至右腳側後方，距前
腳跟約 10～20 公分，腳前掌著地成丁步。同時右手摟至右
胯旁，掌心朝下；左手經肩上耳旁向前推出，掌心向前，高
與肩平。眼看左手（圖 210）。

圖 208　　　　　圖 209　　　　　圖 210

圖 211　　　　　圖 212　　　　　圖 213

　　7. 右腳尖內扣，上體左後轉，左腳向左前方上步，右腳
隨之跟步至左腳後。同時左手向下向左摟至胯旁，右手上舉
經肩上向前推出（圖 211、212、213）。如此左右交替轉身

上步摟推練習。

8. 收勢時由圖210後腳向側分開半步，兩腳齊平同肩寬，兩手前平舉。隨之垂手起立還原。

【要領】

1. 轉身時以前腳腳跟和後腳腳掌為軸轉動，動作要輕靈、圓活、平穩。

2. 上步方向為斜前方，兩腳橫向寬度約同肩寬，隨轉身上步向側前方移動。

3. 跟步時隨重心前移同時收腳，收腳後兩腳距離要適當。

4. 本勢原為孫式太極拳「倒攆猴」動作。

【易犯錯誤】

1. 轉身時重心移動過大，上體搖晃。

2. 上步沒有跨度，形成原地轉體動作。

3. 後腳跟步過遲，形成弓步後才收腳。

4. 跟步收腳過近，影響扣腳轉體。

攬雀尾

【內容組成】

弓步、虛步、轉身弓步、掤、捋、擠、按。

【攻防含意】

掤——一手或雙手伸於體前，承接對方之手，形成對抗的預備或防禦動作，太極拳稱之為掤手（圖217）。如對方前擠，我雙手承接對方前臂順勢後引，使對方攻勢落空（圖222），此勢又稱後掤。

圖 214　　　　　　圖 215　　　　　　圖 216

　　捋——對方向前進攻，我一手扶其腕，一手扶其肘或用前臂貼住對方肘部，順勢將對方向後牽引。

　　擠——如對方向後退縮，我用前臂貼住對方，另一手推送前臂助力，將對方擠出。

　　按——我用雙手掤住對方，順對方攻勢向後引化，對方落空以後，我即隨對方退守順勢前推。

　　【預備勢】

　　同前（圖183）。

　　【動作】

　　1. 兩腿屈蹲，兩手下按，上體保持鬆正（圖214）。

　　2. 上體右轉，兩手在右胸前「抱球」，左腳提收至右踝內側（圖215）。

　　3. 上體左轉，左腳向前邁出一步（圖216）。

　　4. 重心前移，左腿屈弓，右腿自然蹬直成左弓步。兩手前後分開，左臂半屈掤於體前，腕關節與胸相對，掌心向

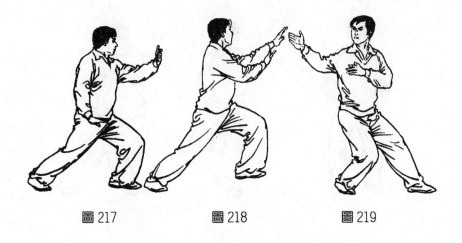

圖 217　　　　　　圖 218　　　　　　圖 219

內；右手下按於胯旁，掌心向下。眼看左腕（圖 217）。

　　5. 上體稍左旋，左手內旋前伸，右手畫弧前擺，伸至左前臂內下方，兩手斜相對（圖 218）。

　　6. 重心後移，上體右轉，兩手向下向右畫弧後将，右手擺至身體右後方，手心向上，高與肩平；左手屈收至右肩前，手心向內。眼看右手（圖 219）。

　　7. 上體左轉，面向前方，兩臂屈收，兩手合於體前。左手橫向內，高與胸平；右手輕貼於左腕，掌心朝前（圖 220）。

　　8. 重心前移成左弓步，兩臂由屈而伸向前擠出，擠出後兩臂撐圓，高與肩平。兩手位置不變。眼看前方（圖 221）。

　　9. 重心後移，左腳尖翹起成左虛步。兩手平分與肩同寬，徐徐屈收後引至胸前，掌心向下（圖 222）。

　　10. 重心前移成左弓步，兩手經腹前，沿後引弧線向前

圖 220　　　　　圖 221　　　　　圖 222

圖 223　　　　　　　圖 224

按出。眼看前方（圖223）。

　　11. 重心後移，上體右轉，左腳尖內扣。右手畫弧向右
分開，掌心向外。眼看右手（圖224）。

圖 225　　　　　　　　圖 226

圖 227

12. 重心左移，右腳收至左踝內側。兩手在左胸前上下「抱球」。眼看左手（圖225）。

13. 右腳向前上步，重心前移成右弓步，兩手前後分開成右掤勢。眼看右腕（圖226、227）。

14. 右手翻轉，左手前擺。隨之重心後移，上體左轉，兩手同時自前向下向左畫弧後捋（圖228、229）。

15. 上體轉向前方，重心前移成右弓步。兩手交搭合於體前，兩臂由屈而伸，撐於體前，向前擠出（圖230、231）。

圖 228　　　　　　圖 229　　　　　　圖 230

圖 231　　　　　　圖 232　　　　　　圖 233

　　16. 重心後移成右虛步，再向前移成右弓步。同時兩手平分後引再向前按出（圖232、233）。

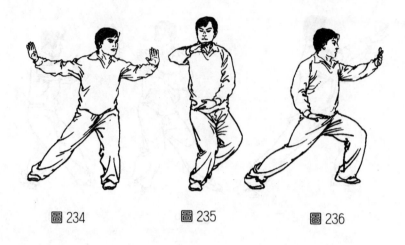

圖234　　　　　　圖235　　　　　　圖236

17. 上體左轉，重心左移，兩手左右分開。眼看左手（圖234）。

18. 重心右移，左腳提收至右踝內側。兩手在右胸前合抱（圖235）。

19. 上體左轉，左腳向前上步，重心前移成左弓步。兩手前後分開成左掤勢（圖236）。如此左右反覆交替練習。

20. 收勢時，做出弓步前按，後腳前收半步收勢（參見圖193、194）。

【要領】

1. 攬雀尾動作中包含了掤、捋、擠、按四個太極拳基本手法。各式太極拳乃至同式中不同地區和傳人的練法不盡相同，本勢採取楊式大架的練習法，動作幅度開展，重心移動和腰部轉動充分，適於基本練習。

2. 傳統套路中攬雀尾只有左勢，本式採取左右勢輪換的方法，以利於均衡全面訓練。同時也增加了由左（右）弓步

向後轉變右（左）弓步的練習。

3. 初學時動作中途可以停頓，邊想邊做。如出腳上步後停頓，以檢查重心是否穩定，落腳是否輕靈合度。每個手法完成後停頓，以檢查手法是否準確和上下配合是否協調完整。再如收腳後腳掌點地停頓，以穩定支撐；轉身後停頓，以求身型端正等等。隨技術熟練，應逐步使動作連貫銜接。

【易犯錯誤】

1. 支撐腿無力。如出現身體起伏搖晃；上步時落腳沉重；後坐時重心移動不到位；上體俯仰傾斜，重心升高等現象。

2. 上下配合不協調。初學時常常腿快手慢，如先完成弓步再做前掤、前擠、前按。甚至僅僅兩手運動，兩腿虛實無變換，腰部無旋轉。

3. 手法不清。如前掤、前擠時力點不在前臂外側，手臂過於伸直；前按時，兩手直收直伸，不走弧形，或兩掌鬆軟，力點不在掌根和十指；前擠時身體側向前方，形成肩靠肘頂；後捋時，兩手直抽後拉，不走弧線。

4. 餘同基本功轉身弓步。

攬扎衣──開合手

【內容組成】

丁步、上步、跟步、退步、撤步、捋、擠、掤、按、推掌、開手、合手。

【攻防含意】

捋──一手扶對方腕部，一手扶其肘部，順對方來勢，

自前向後退步撤步，將對方向後牽引。

擠——一手前臂或手背貼住對方身體，另一手推送助力，順對方後撤之際，乘勢向前上步跟步將對方擠出。

掤——對方向我打來，我用左（右）手承接，順勢向後向左（右）引化，同時轉腰坐腿，以使對方落空。

按——乘對方落空向後抽脫之際，我兩手翻轉向前推按。

推掌——一手摟開對方踢來之腳或打來之拳，另一手轉身向對方推擊。

開手、合手——對方從我身後抱住，我雙手外開，用肘部向後頂撞對方，隨後縮手合手得以解脫。

【預備勢】

同前（圖183）。

【動作】

1. 兩腿屈蹲，重心左移，右腳跟提起。同時右手擺至左肩前，左手向下向左畫弧，手心翻轉向上。眼看左手（圖237）。

2. 上體右轉，右腳向前邁出一步，腳跟落地。左手上舉與頭齊，手心向上；右手落至右胯前，手心向下。眼看左手（圖238）。

3. 重心前移，右腿屈膝前弓，左腳收至右腳側後方，距右腳跟前後左右皆保持10～20公分距離，腳前掌著地成後丁步，同時上體右轉，左掌經肩上向前推出，右手摟至右胯旁。眼看左掌（圖239）。

4. 左腳後退一步。右掌向前伸出，與頭同高，掌心向下；左手收至右前臂側下方，手心向上（圖240）。

太極拳入門與精進

圖 237　　　　　　　　　　圖 238

圖 239　　　　圖 240　　　　圖 241

　　5. 重心後移，右腳撤至左腳前，腳前掌著地成前丁步。
同時兩手向下向後捋至腹前，虎口向上（圖241）。

　　6. 右腳前上一步，腳跟著地。兩手翻轉收於胸前，右手
心向上，虎口向前；左手心向下，四指附在右腕上（圖

圖242　　　　　　　　圖243　　　　　　　　圖244

242）。

　　7. 重心前移，左腳跟步成後丁步。兩手同時向前擠送，高與肩平，兩手位置不變，左手四指仍附於右腕上（圖243）。

　　8. 左腳再後退一步，重心後移，右腳尖上翹。同時上體右轉，兩臂屈收，兩手向右向後引化收轉。眼看右手（圖244）。

　　9. 上體轉向前方。右手翻轉屈收至右肩前，掌心向前；左手收至胸前，指尖與右腕齊平；兩拇指上下相對，掌心也向前（圖245）。

　　10. 重心前移，左腳再跟步成後丁步。兩掌同時向前按出，兩手位置保持不變。眼看前方（圖246）。

　　11. 以左腳掌和右腳跟為軸，身體左轉90°，兩腳齊平朝前。兩手屈收至胸前，塌腕豎指，掌心相對，兩手平行分開至與肩同寬（圖247）。

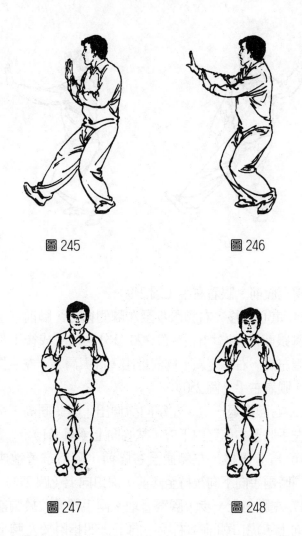

圖 245

圖 246

圖 247

圖 248

12. 重心右移，左腳跟提起，兩手合至與頭同寬（圖248）。

13. 上體左轉，左腳向前邁出一步，腳跟著地。右手向下向右畫弧舉於身體右後方，掌心向上，高與頭平；左手向

圖249

圖250

右下摟至腹前。眼看右手（圖249）。

14. 重心前移，右腳跟步至左腳側後方，腳前掌著地，距左腳跟前後左右均保持10～20公分距離，成後丁步。同時上體左轉，右掌經肩上向前推出，高與肩平；左手摟至左胯旁。眼看右手（圖250）。

15. 右腳後退一步。左掌向前伸出，與頭同高，掌心向下；左手收至右前臂內下方，掌心向上（圖251）。

16. 重心後移，左腳撤至右腳前，腳前掌著地成前丁步。同時兩手向下向後捋至腹前，虎口向上（圖252）。

17. 左腳前上一步，腳跟著地。兩手翻轉收於胸前，左手心向上，虎口朝前；右手心向下，四指附於左腕上（圖253）。

18. 重心前移，右腳跟步成後丁步。兩手同時向前擠送，高與肩平，兩手位置不變，右手四指仍附在左腕上（圖254）。

圖 251　　　　　　　　圖 252

圖 253　　　圖 254　　　圖 255

19. 右腳再後退一步，重心後移，左腳尖上翹。同時上體左轉，兩臂屈收，兩手向左向後引化收轉。眼看左手（圖255）。

20. 上體轉向前方。左手翻轉屈收至左肩前，掌心向

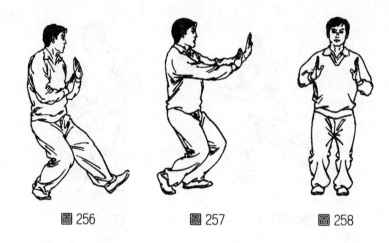

圖 256　　　　　　　圖 257　　　　　　　圖 258

前；右手收至胸前，指尖與右腕齊平，兩拇指上下相對，掌
心亦向前（圖 256）。

21. 重心前移，右腳再跟步成後丁步。兩掌同時向前按
出，兩手位置保持不變。眼看前方（圖 257）。

22. 以右腳掌和左腳跟為軸，身體右轉 90°，兩腳齊平向
前。兩手屈收至胸前，塌腕豎指，掌心相對，兩手平行分開
至與肩同寬（圖 258）。

23. 右腳跟提起，兩手合至與頭同寬。然後向右轉身上
步，接做右攬扎衣。如此左右交替連續練習。

24. 收勢時，做至轉身開合手後，兩手下垂，身體直立
而收勢。

【要領】

1. 此勢與前面的轉身推掌皆為孫式太極拳代表性動作。
孫式太極拳又稱「活步太極拳」、「開合太極拳」。意指其
步法靈活，具有逢進（進步、上步）必跟（跟步），逢退

（退步）必撤（收腳撤步）的特點，並且轉身換勢常以開手合手作為連接過渡。本勢重在練習孫式太極拳步法特點，以及轉身開合手的銜接。

2. 步法轉換中，上步、退步時仍要控制好重心，移動腳輕提輕落。跟步、撤步時要隨重心移動同時完成，不要出現弓步、虛步過渡。收腳以後兩腳距離要適當。在直進直退時，跟步可收至前腳腳跟內側，腳前掌著地成後丁步；撤步收至後腳腳尖前內側，腳前掌著地成前丁步。如後接轉身動作時，後腳跟步要保持前後半腳、左右一腳的距離，以保證轉動靈活，轉身後兩腳成併步。

3. 孫式攬扎衣的手法：将時兩手上下相對，由前向下向後走立弧線；擠時兩手翻轉上下相對，由後向前走直線；後掤時兩手上下相對，由前向後走平弧線；按時兩手齊向前，由後向前走直線。開合手的手法為兩手立掌，手心相對，左右開合，平行移動。

4. 轉身時，重心稍移動，後腳以腳掌為軸，腳跟內轉落地；前腳以腳跟為軸，腳尖內扣落地。再移動重心，將後腳腳跟提起。也可採取重心不移動練法，即前腳腳跟為軸，腳尖內轉落地，後腳腳前掌碾地，腳跟內轉不落地。無論採取哪一種練法，皆應做到轉動圓活，身法平穩，動作連貫。

5. 丁步時應屈腿、落胯、立腰、頂頭，上體保持鬆正。

【易犯錯誤】

1. 上步、退步時落腳沉重，重心控制不穩定。

2. 跟步、撤步時收腳過遲或過猛。

3. 丁步時重心升高，上體前俯。

4. 後掤時抬肘、歪頭。

5. 開合手時屈腕軟指，或聳肩揚肘，或旋臂翻掌。

單鞭──雲手──單鞭

【內容組成】

弓步、小開步、上步、側行步、勾手、推掌、雲手。

【攻防含意】

單鞭──右手刁擒對方打來之手，左手單掌向前推擊，如鋼鞭堅實有力。

雲手──兩手交替向左右雲撥。雲撥中我之上手邊格擋邊向體側旋臂，化解對方攻擊，另一手在下方助力橫撥。

【預備勢】

同前（圖183）。

【動作】

1. 屈腿下蹲，重心右移，上體右轉，左腳跟提起。右手向右前方伸展，屈腕刁勾；左手向下經腹前畫弧，舉於右肘內側，掌心向內。眼看左掌（圖259）。

2. 上體左轉，左腳向前邁出一步，腳跟著地。左掌移於頭前（圖260）。

3. 上體繼續左轉，左腿屈弓，重心前移，右腿自然蹬直成左弓步。左掌翻轉向前推出，掌心向前，高與肩平；右勾手舉於側後方，勾尖向下，高與肩平。眼看左掌（圖261）。

4. 重心後移，上體右轉，左腿蹬直，腳尖內扣。左手向下向右畫弧，舉於右肘內側，掌心向內；右手勾手鬆開，塌

圖 259　　　　　　圖 260　　　　　　圖 261

圖 262　　　　　　圖 263

腕舒指，掌心向外。眼看右掌（圖262）。

　　5.重心左移，上體左轉。左手經頭前向左畫弧雲轉，掌
心向內；右手向下經腹前向左雲轉，掌心向左下方。眼看左
手（圖263）。

圖 264　　　　　圖 265　　　　　圖 266

6. 上體繼續左轉，右腳向左腳收攏併步，兩腳平行向前，相距約 20 公分，成小開步。左手雲至身體左側，翻掌向外；右手雲至左肘內側，翻掌向內。眼看左掌（圖264）。

7. 上體右轉，重心右移。右手經頭前向右雲轉，掌心向內；左手向下經腹前向右雲轉，掌心向右下方。眼看右手（圖265）。

8. 上體繼續右轉，左腳向左橫邁一步，腳前掌內側著地。右手雲至身體右側，翻掌向外；左手雲至右肘內側，翻掌向內。眼看右手（圖266）。

9. 上體左轉，重心左移。左手經頭前向左雲轉，右手經腹前向左雲轉（圖267）。

10. 上體繼續左轉，右腳向內收攏併步，兩腳成小開步。兩手雲至身體左側，並同時旋臂翻掌（圖268），如此連續向左側雲手練習。

11. 收勢時，兩手向右雲轉，右手在身體右前方翻掌勾

太極拳入門與精進

圖267　　　　　　　　　　圖268

圖269　　　　　圖270　　　　　圖271

手，左掌收至右肘內側，掌心向內（圖269）。然後上體左
轉，左腳向前上步，重心前移，成左弓步，左掌隨轉體翻掌
向前推出，右勾手舉於側後方，再成單鞭式（圖270、
271）。

12. 隨之右腳前收半步，與左腳齊平；右勾手變掌前擺，與左手齊平。兩腿屈蹲，手、腳相距皆同肩寬（參見圖193、194）。然後徐徐垂手起立還原。

【要領】

1. 此勢也可做成左右雲手練習。起勢時兩手左雲，左腳向左開步，隨之連續向左側行雲手。

至場地左端後，兩手雲至身體左側，右腳不做併步，接做重心右移，上體右轉，左腳向左併步，兩手向右雲轉。隨之連續向右側行雲手至起勢位置。如此左右往返側行雲手練習。收勢時做左單鞭，然後併步起立，垂手還原。

2. 雲手時兩手連續交叉畫立圓，並與轉腰、側行步協調配合。動作中應以腰為軸帶動上肢，頭要轉看雲轉中的上手。側行步時重心要平穩，腳步移動要輕靈，以腳前掌內側先著地，然後全腳踏實。兩腳始終保持平行。

3. 勾手時，五指自然伸直，第一指節捏攏，屈腕向下。

【易犯錯誤】

1. 雲手時腰部無旋轉配合，重心移動不充分，形成上肢孤立擺動。

2. 雲手與轉腰、轉頭不協調，此左彼右，形成扭擺。

3. 行步時重心起伏，落腳沉重，俯腰突臀。

4. 收腳併步後，兩腳靠攏併緊。

玉女穿梭

【內容組成】

弓步、轉身上步、架掌、推掌。

圖272　　　　　圖273　　　　　圖274

【攻防含意】

對方自斜前方或側後方打來，我即向斜前方上步，或後轉身上步，一手向上迎架對方，另一手向前推擊。

【預備勢】

同前（圖183）。

【動作】

1. 兩腿屈蹲，兩手下按，上體保持鬆正（參見圖214）。

2. 上體右轉，右腳尖外撇，重心右移，左腳提收至右踝內側。兩手在右胸前上下「抱球」。眼看右手（圖272、273）。

3. 左腳向起勢方向的右前方上步，腳跟著地。左手向體前挑架，手心向內，右手收至胸前，手心朝前。眼向前平視（圖274）。

4. 重心前移，左腿屈弓，右腿自然蹬直成左弓步。左手

圖275　　　　　　　圖276　　　　　　　圖277

翻轉架於左額前上方，左臂半屈成弧；右手推至體前，高與肩平。眼看右手（圖275）。

　　5. 重心右移，左腿伸直，腳尖內扣，上體右轉。右手向右畫弧外擺，左手下落至體側。兩掌心皆向外。眼看右手（圖276）。

　　6. 重心左移，右腳收至左腳內側，腳前掌點地。兩手在左胸前上下「抱球」。眼看左手（圖277）。

　　7. 左腳掌碾地，腳跟外轉，上體右後轉，右腳向起勢方向的左前方上步，腳跟著地。右手向體前挑架，手心向內；左手收至胸前，手心朝前。眼向前平視（圖278）。

　　8. 重心前移，右腿屈弓，左腿自然蹬直成右弓步。右手翻轉架於右額前上方，右臂半屈成弧；左手推至體前，高與肩平。眼看左手（圖279）。

　　9. 重心稍後移，右腳尖外撇，上體右轉。左手向左畫弧，右手下落。眼看左手（圖280）。

圖278　　　　　圖279　　　　　圖280

圖281　　　　　圖282

10. 左腳收至右踝內側，兩手在右胸前上下「抱球」
（圖281）。

11. 上體左轉，左腳向起勢方向的左後方上步，腳跟著
地。左手向體前挑架，右手收至胸前。眼看前方（圖282）。

圖283　　　　　圖284　　　　　圖285

12. 重心前移成左弓步。左手翻架於左額前上方，右手推至體前。眼看右手（圖283）。

13. 重心右移，左腿伸直，腳尖內扣，上體右轉。右手向右畫弧，左手落於體側。眼看右手（圖284）。

14. 重心左移，右腳收至左腳內側，腳前掌點地。兩手在左胸前上下「抱球」。眼看左手（圖285）。

15. 左腳掌碾地，腳跟外展，上體右後轉。右腳向起勢方向的右後方上步，腳跟著地。右手向體前挑架，左手收至胸前。眼向前平視（圖286）。

16. 重心前移成右弓步。右手翻架於右額前上方，左手推至體前。眼看左手（圖287）。

17. 重心稍後移，右腳尖外撇，左腳收至右踝內側。兩手在右胸前上下「抱球」（圖288、289）。

18. 左腳重向起勢方向右前方上步，重心前移成左弓步。左手架於右額前上方；右手向前推出（圖290）。如此

圖286　　　　　　　　　　圖287

圖288　　　　圖289　　　　圖290

左右交替連續練習。

　19. 收勢時，由圖290左腳扭向起勢方向，右腳收攏半步，兩腳平行，兩腿屈坐，兩手前平舉。然後徐徐起立，垂手還原。

【要領】

1. 此勢為太極拳中連續向四角方向轉身上步的代表性動作。動作轉換應力求平穩、連貫、圓活。路線從起勢位置開始走成一個菱形，第一個上步向斜前方成左弓步，第二個上步應向右後轉身，再向斜前方上步成右弓步，與前左弓步約成 270°。

2. 定勢為拗弓步推架掌，兩腳保持左右約 30 公分寬度，以利上體鬆正，重心穩定。

【易犯錯誤】

1. 右後轉身不到位，上步開胯過大，上體歪扭。

2. 右後轉身不平穩，碾腳時突然加力，重心上下跳動。

3. 弓步時兩腳踩在一條線上，上體緊張歪扭，重心不穩。

4. 推掌方向與弓步方向不一致。

5. 架掌時聳肩、抬肘，或彎臂過大，舉手過低。

下勢——金雞獨立

【內容組成】

仆步、獨立步、穿掌、挑掌。

【攻防含意】

下勢——對方打來，我用右勾手刁住對方，同時迅速仆步下勢，左手插入對方襠內，將對方挑起掀倒。

金雞獨立——對方打來，我用右（左）手挑開對方，同時抬腿屈膝前提，用膝關節頂撞對方。

圖291　　　　　　　　　　　　圖292

【預備勢】

同前（圖183）。

【動作】

1. 兩腿屈蹲，上體右轉，重心右移，左腳跟提起。右手向右前方伸展，屈腕刁勾；左手經頭前擺至右臂內側，掌心向外。眼看勾手（圖291）。

圖293

2. 右腿向下屈蹲，左腳沿地面向左側伸出（圖292）。

3. 上體左轉成左仆步，左掌順左腿內側向左穿出。掌心向外，指尖向前。眼看左掌（圖293）。

4. 左腳尖外撇，右腳尖內扣，重心前移，左腿屈弓，右腿蹬直。左掌側立向前方挑起，右勾手內旋反轉，舉於身後，勾尖向上。眼看左掌（圖294）。

圖294   圖295   圖296

　　5. 左腿蹬地，起身獨立，上體稍左轉，右腿屈膝前提，腳尖向下，成左獨立步。右勾手變側掌挑至體前，高與頭平；左掌內旋按於體側。眼看右掌（圖295）。

　　6. 右腳落於左腳前，腳前掌點地，左腳掌為軸，腳跟內轉，上體左轉。左手變勾提至身體左前方；右手自頭前向左擺至左臂內側。眼看勾手（圖296）。

　　7. 右腳提起，沿地面向右側伸出；左腿向下屈蹲，右腿伸直（圖297）。

　　8. 上體右轉成右仆步。右掌沿右腿內側向右穿出，掌心向外，指尖向前。眼看右掌（圖298）。

　　9. 右腳尖外撇，左腳尖內扣，重心前移，右腿屈弓，左腿蹬直。右掌側立向前上方挑起，左勾手內旋反轉，勾尖向上，舉於身後。眼看右掌（圖299）。

　　10. 右腿蹬地，上體右轉，起身獨立，左腿屈膝前提，腳尖向下，成右獨立步。左勾手變側掌挑至體前，高與頭

圖297 圖298

圖299 圖300

平；右掌內旋按於體側。眼看左掌（圖300）。

如此左右反覆連續練習。

11. 收勢時，由金雞獨立勢屈提腿下落，兩腳併立，前挑掌向下垂落，成立正還原姿勢。

【要領】

1. 此勢為高低兩種步型的轉換練習。應做到步型準確，重心穩定，變轉柔順，動作連貫、圓活。

2. 仆步時一腿保持全蹲，另一腿向體側伸直。兩腳平行或稍外展，全腳著地踏實。上體略向前俯，並盡量收髖、豎脊、頂頭。

3. 獨立步時，支撐腿自然直立或稍屈，另一腿屈膝高抬，大腿高於水平，小腿略向內收，腳面伸直。上體中正穩定，頂頭、立腰、豎脊。

4. 挑掌時塌腕豎指，指尖向上，虎口張開，屈臂成弧。穿掌時臂由屈而伸，四指向前，拇指及虎口向上。

【易犯錯誤】

1. 仆步時抬臀、低頭、彎腰、側伸腿彎曲、腳跟或腳外側掀起拔跟。

2. 獨立步時支撐腿彎曲;上體弓腰、團身。

3. 仆步後弓腿轉獨立步時，兩腳尖外展，內扣不到位，造成提腿吃力，上體歪扭，重心不穩。

> # 右分腳──雙峰貫耳──左分腳
> # ──轉身蹬腳──栽捶

【內容組成】

弓步、上步、分腳、蹬腳、貫拳、栽拳。

【攻防含意】

分腳──屈膝提腿，小腿擺伸，用腳尖彈踢對方。

蹬腳──屈膝提腿，小腿蹬伸，用腳跟蹬踹對方。

圖 301　　　　　　圖 302　　　　　　圖 303

雙峰貫耳——雙拳經體側向前畫弧圈擺（貫拳），攻擊
對方兩太陽穴，力點在拳面。

【預備勢】

同前（圖183）。

【動作】

1. 兩腿屈蹲，重心左移，左腳尖外撇，上體左轉，右腳
跟提起。同時兩手翻轉向外畫弧下落。頭隨轉體看左手（圖
301）。

2. 右腳收至左踝內側，兩手於腹前交叉合抱，掌心向
內。眼看右前方（圖302）。

3. 右腿屈膝高提，腳尖下垂；左腿微屈站穩。兩手交叉
抱舉於胸前。掌心向內（圖303）。

4. 右小腿向上擺伸，腳面展平，腳尖向右前上方踢出。
兩手翻轉向右前方和左後方畫弧分開，掌心皆向外，高與肩
平，兩臂前後撐舉，右臂與右腿上下相對。眼看右手（圖

圖 304　　　　　　　圖 305　　　　　　　圖 306

304）。

　　5. 右小腿屈膝回收，兩臂外旋，兩手平行落於右膝上
方，掌心向上（圖305）。

　　6. 右腳向右前方落步，腳跟著地，腿伸直。兩手握拳收
於腰間，拳心向上（圖306）。

　　7. 重心前移成右弓步。兩拳經兩側向前上方畫弧圈打，
高與頭齊，相距同頭寬，拳眼斜向下，兩臂半屈成鉗形。眼
看前方（圖307）。

　　8. 右腳尖外撇，上體右轉，兩拳變掌向左右畫弧分開。
眼看左掌（圖308）。

　　9. 重心移至右腿，左腿屈膝前提，右腿微屈站穩。兩手
向下畫弧於腹前交叉，抱舉於胸前，掌心向內。眼看前方
（圖309）。

　　10. 左小腿向前上方擺伸，腳面儘可能展平，腳尖向前
上方踢出。兩手翻轉向前後畫弧分開，掌心向外，高與肩

圖 307

圖 308

圖 309

圖 310

平，左臂與左腿上下相對。眼看左手（圖310）。

11. 左腿屈收下落，身體順勢向右後轉身（以右腳掌為軸碾轉），左腳掌內扣落地。兩掌畫弧下落，於腹前交叉。頭隨身體轉動（圖311）。

圖311　　　　　　圖312　　　　　　圖313

12. 重心左移，身體繼續右後轉至側向前方。右腿屈膝高提，兩手交叉舉抱於胸前。眼看前方（圖312）。

13. 右小腿向前上方蹬伸，腳尖勾起。兩手同時畫弧向前後分開，掌心向外，高與肩平，右臂與右腿上下相對。眼看右手（圖313）。

14. 右腳屈收前落，腳尖外撇，上體右轉，重心前移。左手經頭前向右畫弧，掌心向右，右手下落至腰間，掌心向上（圖314）。

15. 左腳向前上步，腳跟著地，右手向右上畫弧，屈肘握拳收於頭側，左手向下畫弧落於腹前。眼看前下方（圖315、316）。

16. 重心前移成左弓步，上體左轉，稍向前俯身。右拳向前下方打出，高與腹平，拳面向前下方，拳心向內；左手自左膝上方摟過，按於左胯旁。眼看右拳（圖317）。

圖 314　　　　　圖 315　　　　　圖 316

圖 317　　　　　　　　圖 318

　　17. 重心稍後移，左腳尖外撇，上體左轉，兩手向兩側畫弧分開（圖318）。

圖 319   圖 320

18. 右腿屈膝前提做右分腳（圖 319、320），再接做雙峰貫耳（圖 321、322）、左分腳、轉身蹬腳、栽拳，繼續重複練習。

19. 收勢時，由栽拳式後腳前上半步，兩腿平行屈坐，兩手前平舉（參見圖 194），然後徐徐起立，垂手還原。

【要領】

1. 本組合練習中的分腳、蹬腳，屬於太極拳常用腿法，其要領和易犯錯誤請參閱第二節中腿功練習 (四) 控腿。

2. 雙峰貫耳的弓步和貫拳方向為右前方約 30°。注意保持頂頭、立腰、沉肩、墜肘。右分腳方向與雙峰貫耳方向相同。

3. 栽拳的方向為正前方，上體前俯約 30°，須保持頂頭直腰，斜中寓正。

【易犯錯誤】

參閱第二節中運臂練習 (六) 及腿功練習 (四)。

圖 321　　　　　　　　　　圖 322

掩手肱捶——野馬分鬃（陳式）

【内容組成】

擦步、上步、沖拳（發勁）、掩手、纏繞、折疊、穿靠。

【攻防含意】

掩手肱捶——兩手在胸前掩合，蓄力待發。一旦抓住機會，迅速轉腰蹬腿發力，右拳快速旋轉向前沖擊。

野馬分鬃（陳式）——右手攦住對方右腕向右橫帶，隨之左腳上步，左手穿至對方右腋下，用左肩靠擠對方。

右勢亦然，惟左右相反。

【預備勢】

同前（圖 183）。

圖 323　　　　　　　　　　圖 324

【動作】

1. 兩腿屈蹲，兩掌下按（圖323）。

2. 右腳尖內扣，上體左轉，重心右移，左腳提收至右踝內側。兩手向下向外畫弧，經體側翻轉向內並舉於頭前，相距同頭寬。眼看兩手（圖324）。

3. 左腳以腳跟內側向左前方擦地上步。同時兩臂內旋，兩掌翻轉交叉相疊按於小腹右側，掌心向下，左掌壓於右掌背上。眼向前平視（圖325）。

4. 上體稍左轉，重心左移，兩掌向兩側分開上舉，與肩同高。眼向前平視（圖326）。

5. 上體右轉，重心右移成右偏馬步，含胸圓背，縮髖沉胯。兩臂外旋，兩肘內合，兩手內掩，左手收於體前，掌心向上，與肩同高；右手握拳屈收於右肘內側，拳心向上。眼看左手（圖327）。

6. 重心左移，上體左轉，左腿屈弓成左弓步。同時轉腰

圖 325　　　　　　　　　圖 326

圖 327　　　　　　　　　圖 328

順肩，右拳旋轉向右前方快速抖彈打出，拳心向下，高與胸平；右手後收貼於腹部，虎口向上。眼看右拳（圖328）。

　　7. 上體左轉，右臂外旋，右拳變掌向下畫弧至腹前，掌心向左；左掌以拇指為軸，四指向下轉動並屈腕纏繞

圖 329　　　　　　　　　　　　圖 330

（圖 329）。

8. 上體右轉，重心右移。右臂內旋，右手經頭前向右畫弧纏繞；左臂外旋，左手背貼於右前臂內側隨之畫弧纏繞。眼看右手（圖 330）。

9. 重心左移，上體左轉。右臂外旋，左臂內旋，兩掌向下向左畫弧橫捌於腹前，兩手皆成橫掌，掌心向左，指尖向前，左虎口向下，右虎口向上，兩肘貼肋，腰腹肌緊張收縮。眼看右掌（圖 331）。

10. 腰腹放鬆，上體稍向右鬆晃，再繼續左轉，重心左移；兩掌隨之向右折疊再向左外擺畫弧，左掌擺至身體左側，右掌擺至左肋前，掌心皆向下。眼看左掌（圖 332）。

11. 重心右移，上體右轉，左腳提收至右小腿內側。左臂外旋，左掌向下向前畫弧托起，停於左膝前上方；右掌向下向右畫弧，橫掌撐於體側，掌心向外，虎口向下。眼看前方（圖 333）。

圖 331　　　　　　　圖 332

圖 333　　　　　　　圖 334

12. 左腳向前上步，重心前移成左弓步。左掌向前穿靠，掌心向上，指尖向前，高與頭平；右掌橫撐於體側，高與肩平。眼看左掌（圖334）。

13. 重心稍後移，左腳尖外撇，上體左轉；左臂內旋左

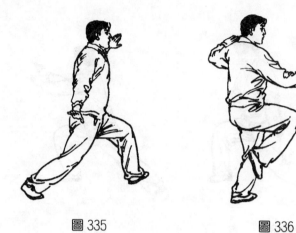

圖 335 圖 336

手畫小弧翻轉外撐；右臂外旋，右手向下畫弧。眼向前平視（圖335）。

14. 右腿屈膝前提，右腳收於左小腿內側。右掌向上向前畫弧，收於右膝前上方（圖336）。

15. 右腳向前上步，重心前移成右弓步。右掌向前穿靠，掌心向上，高與頭平；左掌橫掌撐舉於體側，掌心向外，虎口向下，高與肩平。眼看右掌（圖337）。

16. 重心後移，右腳尖外撇，上體右轉。左手前擺，兩掌交叉合於體前，掌心相背，高與肩平。眼看兩掌（圖338）。

17. 重心前移，左腳收於右踝內側。兩掌向下畫弧分開，經體側上舉併於頭前，掌心向內，與頭同寬。眼看兩手（圖339）。

圖 337　　　　　　圖 338

圖 339

圖 340   圖 341

18. 左腳向左前方擦腳上步，再次做掩手肱捶（圖 340、341、342、343）及左右野馬分鬃。

如此連續練習。

19. 收勢時，由穿靠動作後腳前上半步，兩腿平行屈坐，兩臂前平舉（參見圖 194），然後徐徐起立，垂手還原。

【要領】

1. 掩手肱捶的沖拳方向與弓步方向約成 60°。發力前掩手蓄力，發力時快速抖彈，與蹬腳、轉腰、順肩協調一致。其要領與易犯錯誤參見第二節中發勁（五）。

2. 野馬分鬃的轉換應充分表現出陳式太極拳的纏繞、折疊特點，做到轉腰旋臂，轉膝旋踝，以身帶手。掌折疊動作應頓挫分明，斷而復連，張弛剛柔，變化有序，富有彈性。

3. 穿靠動作的力點在上臂和肩關節。

圖 342　　　　　　　　圖 343

【易犯錯誤】

1. 發力僵硬。

2. 纏繞動作旋臂鬆弛；兩臂鬆軟擺動。

3. 捌掌生硬用力。

4. 折疊停頓割裂，身手脫節，沒有表現出波浪迭起的連貫性和剛柔變化的彈性。

5. 穿靠前屈膝提腳時抬腿過高，形成獨立步。

6. 穿靠力點放在指尖。

第四節 太極拳基礎套路

（初段位考核套路）

基礎套路是太極拳基本訓練的重要組成部分，它著重基本要領的掌握和基本功的運用。基本套路的選擇要根據不同拳種、不同流派的特點和要求而有所區別。

這裡選用的太極拳基礎套路是《中國武術段位制》初級技術教材中的一、二、三段太極拳。中國武術段位制，是中國武術研究院和國家武術運動管理中心制定的全民武術鍛鍊等級制度。與之配套的技術教材，是由專家審定委員會審定的，為各級武術段位技術考核的指定教材，具有鮮明的科學性、系統性、規範性。其中的初段位（一、二、三段）教材突出了武術基礎訓練的特點。

初級段位教材中的一段、二段太極拳取材於楊式大架太極拳。它更加針對初學者打好基礎的需要，進一步精煉內容，把握重點，為初學者提供了循序漸進的基礎練習套路。

初段位教材中的三段太極拳即簡化太極拳 24 式，是中國體育運動委員會運動司於 1965 年整理編定的基礎套路。它取材於我國流傳最廣的傳統楊式大架太極拳，按照簡明易學、刪繁就簡、明確規範、突出重點的原則整編而成。實踐證明，簡化太極拳的編定推廣，有力地促進了太極拳的普及

開展。目前這個套路已經在國內外廣泛流傳，不僅成為太極拳運動最普遍採用的入門教材，也成為太極拳基本訓練、明確動作規範、強化技術要領的有效基礎套路。

10 式太極拳

（武術段位制「一段」太極拳規定考評技術）

一、動作名稱

預備勢　　　　　　　6. 金雞獨立
1. 起勢　　　　　　　7. 蹬腳
2. 卷肱勢　　　　　　8. 攬雀尾
3. 摟膝拗步　　　　　9. 十字手
4. 野馬分鬃　　　　　10. 收勢
5. 雲手

二、動作說明及要領講解

【動作說明】

預備勢

身體自然直立，兩腳併攏，頭頸正直，下頦內收，胸腹放鬆，肩臂鬆垂，兩手輕貼於大腿外側；精神集中，眼向前平視，呼吸保持自然（圖344）。

1. 起勢

（1）左腳向左輕輕分開半步，與肩同寬，腳尖向前（圖345）。

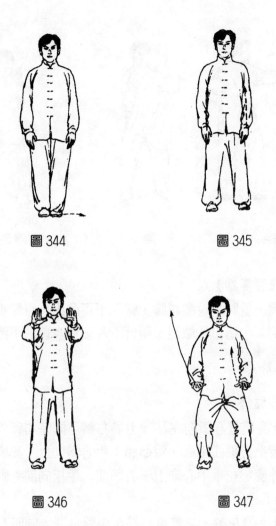

圖 344　　　　　　　　圖 345

圖 346　　　　　　　　圖 347

　　(2) 兩手慢慢向前平舉，手心向下，與肩同高，兩臂橫
向距離約同肩寬，肘微下垂（圖 346）。

　　(3) 上體保持正直，兩腿緩慢屈膝半蹲，同時兩掌輕輕
下按，落至腹前，手心向下，掌與膝相對（圖 347）。

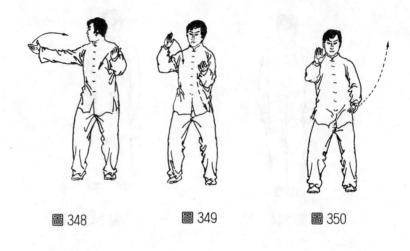

|圖348|圖349|圖350|

【練習要點】

沉肩、垂肘，鬆腰屈膝，臀部不可凸出，身體重心落於兩腿中間；手指自然微屈，兩臂下落要與身體的下蹲動作協調一致。

2. 卷肱勢

（1）身體重心微向左移，上體右轉，同時右臂外旋，右手向右後上方畫弧平舉，臂微屈，手心斜向上，高與耳平；左臂亦外旋，左手手心向上舉於胸前，手指向前；眼看右手（圖348）。

（2）上體左轉，身體重心移至兩腿之間，同時右臂屈肘折向前，右手由耳側向前推出，掌心向前，手指向上，高與鼻平；左臂屈肘回收至左肋外側，手心向上；眼看右手（圖349、350）。

（3）身體重心微向右移，上體左轉，同時右臂外旋，右

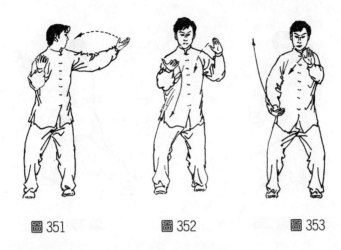

圖351　　　　　　　圖352　　　　　　　圖353

手翻掌，手心向上；左手隨轉體向左後
上方畫弧平舉，臂微屈，手心向上，高
與耳平；眼看左手（圖351）。

　　（4）與（2）解同，只是左右相反
（圖352、353）。

　　【練習要點】

　　腰、胯鬆沉，上體保持自然中正；
兩手隨上體轉動須沿弧線運動，一手前
推和一手回收的速度要均勻一致，避免
僵硬。

圖354

　　3. 摟膝拗步

　　（1）身體重心移至右腿，上體微左轉，左腳收至右腳內
側，腳尖點地；同時右手向右後上方畫弧至右肩外側，手與
耳同高，手心斜向上；左臂屈肘，左手向右下畫弧至右胸
前，手心斜向下；眼看右手（圖354）。

圖 355

圖 356

(2) 左腳向左前方邁出一步，上體左轉，重心前移成左弓步，同時左掌向下經左膝前摟過，按於左胯旁，指尖向前，手心向下；右手屈收，經耳側向前推出，掌心向前，手指向上，高與鼻平；眼看右掌指（圖 355、356）。

(3) 右腿慢慢屈膝，上體後坐，身體重心移至右腿，左腳尖翹起；然後身體右轉，左腳尖內扣，身體重心再移至左腿，右腳隨上體右轉收至左腳內側，腳尖點地；同時左手向外翻掌，由下向左後上方畫弧至左肩外側，肘微屈，左手與耳同高，手心斜向上；右手向左、向內畫弧停於左胸前，手心斜向下；眼看左手（圖 357、358、359）。

(4) 與 (2) 解同，只是左右相反（圖 360、361）。

【練習要點】

身體重心轉換時，兩腿要虛實分明，左右轉體動作應以腰為軸，上體保持自然中正；弓步推掌時，身體不可前俯後仰，要沉肩垂肘，坐腕舒掌，同時與鬆腰、弓腿上下協調一

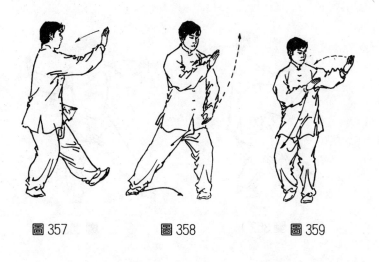

圖357　　　　　圖358　　　　　圖359

圖360　　　　　圖361

致；弓步時，後腿要自然伸直，後腳跟應以腳掌為軸做後蹬
調整，使前後腳的夾角在45°上，兩腳跟橫向距離在30公分
左右。

圖 362　　　　　　　　圖 363

4. 野馬分鬃

（1）左腿慢慢屈膝，上體後坐，身體重心移至左腿，右腳尖翹起；然後身體左轉，右腳尖內扣，身體重心再移至右腿，左腳隨上體左轉收至右腳內側，腳尖點地；同時右手向上、向左畫弧，屈臂平舉於胸前；左臂外旋，左手向左、向下畫弧收於腹前，使兩掌手心上下相對成抱球狀；眼看右手（圖 362、363、364）。

（2）左腳向左前方邁出一步，上體左轉，重心前移成左弓步；同時左右手隨轉體慢慢分別向左上右下分開；左手高與眼平，手心斜向上，肘微屈，右手落於右胯旁，肘也微屈，手心向下，指尖向前；眼看左手（圖 365、366）。

（3）上體慢慢後坐，身體重心移至右腿，左腳尖翹起，然後上體右轉，左腳尖內扣，身體重心再移至左腿，右腳隨上體右轉收至左腳內側，腳尖點地；同時右臂內旋，左手向右上畫弧屈臂平舉於胸前，使兩掌手心上下相對成抱球狀；

圖 364　　　　　　圖 365　　　　　　圖 366

圖 367　　　　　　圖 368　　　　　　圖 369

眼看左手（圖 367、368、369）。

圖 370　　　　　　　　圖 371

（4）與（2）解同，只是左右相反（圖370、371）。

【練習要點】

上體不可前俯後仰，胸部必須寬鬆舒展；兩臂分開時要保持弧形；身體轉動時要以腰為軸，弓步動作與分手的速度要均勻一致，弓步兩腳跟橫向距離應保持在 10～30 公分左右。

5. 雲手

（1）腰胯鬆沉，重心微向後移，右手向內翻掌，手心向下，左手向外翻掌，向前上伸於右臂內側，手心向上；然後上體左轉，左腳尖外擺，右腳尖隨之內扣，重心移至左腿，右腳收至左腳內側，成小開立步；同時隨身體左轉，左手向上，向左經臉前立圓雲轉，至身體左側時，向外翻掌成平舉；右手向下、向左經腹前立圓雲轉至左肩前，手心斜向內；眼看左手（圖372、373、374）。

圖 372　　　　　圖 373　　　　　圖 374

圖 375　　　　　　　圖 376

　　(2) 上體右轉，重心移至右腿，左腳向左側橫跨一步，
腳尖向前；同時隨身體右轉，右手經臉前向右立圓雲轉，至
身體右側時，向外翻掌成平舉；左手向下經腹前向右立圓雲
轉至右肩前，手心斜向內；眼看右手（圖375、376）。

圖 377　　　　　　　　　　　圖 378

（3）上體左轉，重心移至左腿，兩腳均向前，成左弓步；同時左手經臉前向左立圓雲轉，至身體左側時，向外翻掌成平舉；右手向下經腹前向左立圓雲轉至左肩前，手心斜向內；眼看左手（圖 377、378）。

（4）上體左轉，重心移至右腿，左腳收至右腳內側，成小開立步；同時右手經臉前向右立圓雲轉，至身體右側時，向外翻掌成平舉；左手向下經腹前向右立圓雲轉至右肩前，手心斜向內；眼看右手（圖 379、380）。

（5）上體左轉，重心移至左腿，右腳向右側橫跨一步，腳尖向前；同時隨身體左轉，左手經臉前向左立圓雲轉，至身體左側時，向外翻掌成平舉；右手向下經腹前向左立圓雲轉至左肩前，手心斜向內；眼看左手（圖 381、382）。

（6）上體右轉，重心移至右腿，兩腳尖均向前，成右弓步；同時右手經臉前向右立圓雲轉，至身體右側時，向外翻掌成平舉；左手向下經腹前向右立圓雲轉至右肩前，手心斜

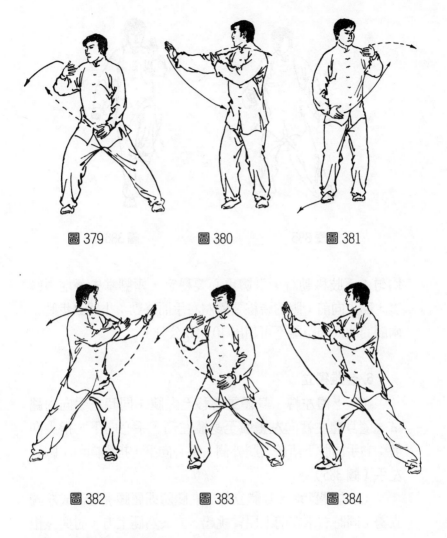

圖 379　　　　　　　圖 380　　　　　　　圖 381

圖 382　　　　　　　圖 383　　　　　　　圖 384

向內；眼看右手（圖 383、384）。

【練習要點】

身體轉動要以腰脊為軸，鬆腰、鬆胯，不可忽高忽低或左右搖擺；兩臂隨腰的轉動而運轉，要自然圓活，速度緩慢

圖 385　　　　　　　　　圖 386

均勻；下肢移動時，身體重心要穩定，兩腳掌先著地再踏實，腳尖向前；眼的視線要隨左右手而移動；小開立步時，兩腳間的橫向距離不可超出 10～20 公分。

6. 金雞獨立

（1）上體左轉，身體重心移至左腿；同時左手向內翻掌，隨身體左轉向左畫弧至身體左側，手心向下，指尖向前；右手屈肘下落於右腿外側，手心向下，指尖向前；眼看左手（圖 385）。

（2）左腿蹬地，身體立起，右腿隨即屈膝提起，成左獨立勢；同時右掌向前上屈臂挑起，立於右腿上方，肘與膝相對，手心向左，指尖向上，高與鼻平；左手向左下畫弧至左胯旁，手心向下，指尖向前；眼看右手（圖 386）。

（3）右腳下落，重心移至右腿，隨即左腿屈膝上提成右

圖 387

圖 388

獨立勢；同時左掌由下向前、向上挑起，立於左腿上方，肘
與膝相對，手心向右，指尖向上，高與鼻平；右手向下畫弧
落於右胯旁，手心向下；眼看左手（圖 387）。

【練習要點】

兩手一挑一按要與提膝動作協調一致；獨立腿要稍微彎
曲，上體要正直，力求平衡穩定。

7. 蹬腳

（1）左腳下落，身體重心移至左腿，右腳收於左腳內
側；同時左手向下，右手向上畫弧於腹前交叉，右臂在下，
兩掌手心均向內；眼看左手（圖 388）。

（2）左腿微屈站穩，右膝提起，兩手上舉合抱於胸前，
然後右腳向右前方慢慢蹬出，腳尖回勾，力在腳跟；同時兩
掌向右前和左後方畫弧撐開，肘部微屈，腕與肩平，右臂、

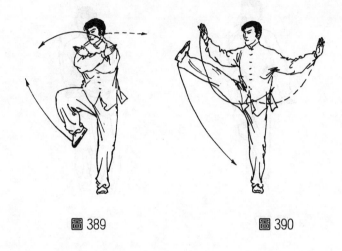

圖389　　　　　　　　　　圖390

右腿上下相對；眼看右掌（圖389、390）。

　　(3) 右腳下落，身體重心移至右腿；同時兩臂下落，兩手於腹前交叉，左臂在下，兩掌心均向內；眼看右手（圖391）。

　　(4) 與 (2) 解同，只是左右相反（圖392、393）。

　　【練習要點】

　　身體要穩定，不可前俯後仰；兩手分開時，腕部與肩齊平；蹬腳時，支撐腿微屈，分手和蹬腳動作協調一致。

8. 攬雀尾

　　(1) 左腳下落，身體重心移至左腿，右腳收於左腳內側，腳尖點地，上體微向右轉；同時左手向右弧形平擺，屈肘平舉於胸前；右手向下、向內畫弧收於左肋前，兩掌心上下相對成抱球狀；眼看左手（圖394、395）。

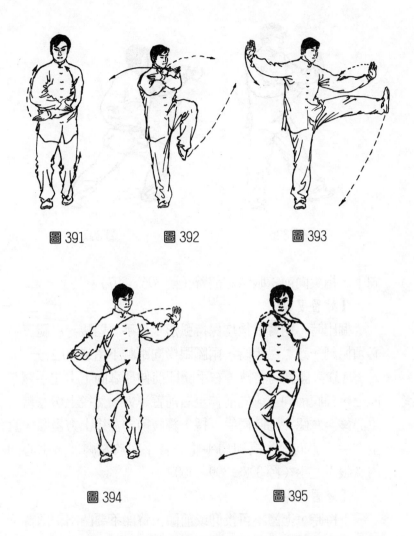

圖 391　　　　　　圖 392　　　　　　圖 393

圖 394　　　　　　　　圖 395

　　(2) 上體右轉，右腳向前方邁出，左腿自然蹬直，右腿
屈膝前弓，成右弓步；同時右臂向右前上方掤出，臂平屈成
弓形，高與肩平，手心向內；左手向左下落於左胯旁，手心

圖 396   圖 397

向下，指尖向前；眼看右前臂（圖 396、397）。

【練習要點】

棚出時，兩臂前後均保持弧形，分手、鬆腰、弓腿三者必須協調一致；弓步時，兩腳跟橫向距離不超過 10 公分。

（3）身體微向右轉，右手隨即前伸翻掌向下；左手翻掌向上，經腹前向上、向前伸至右前臂下方，然後上體左轉，重心移至左腿；同時兩手下捋，經腹前向左後上方畫弧，直至左手手心向上，高與肩平；右臂平屈於左胸前，手心向內；眼看左手（圖 398、399、400）。

【練習要點】

下捋時，上體不可後仰或前傾，臀部不要凸出；兩臂下捋時須隨腰旋轉，兩手沿弧線運動，右腳全腳掌著地。

（4）上體微向右轉，左臂屈肘折回，左手附於右手腕內側，上體繼續向右轉，左腿自然蹬直，右腿屈膝前弓，成右弓步；同時雙手向前慢慢擠出，右手心向內，左手心向前，

圖 398　　　　　　　　圖 399

圖 400　　　　圖 401　　　　圖 402

右前臂呈半圓形；眼看右手腕部（圖 401、402）。

【練習要點】

　　向前擠時，上體要正直，擠的動作要與鬆腰、弓腿協調
一致。

圖403　　　　　　　　圖404

　　(5)右手翻掌，手心向下，左手經右腕上方向前、向左伸出，高與右手齊，手心向下，兩手左右分開，寬與肩同；然後左腿屈膝，上體慢慢後坐，身體重心移至左腿，右腳尖翹起；同時兩手屈肘經胸前回收至腹前，手心均向前下方；眼向前平視（圖403、404、405）。

　　(6)上勢不停，身體重心慢慢前移，右腿前弓成右弓步；同時兩手向前、向上按出，掌心向前，指尖向上；眼平視前方（圖406）。

　　【練習要點】

　　向前按時，兩手須走曲線，兩手腕部與肩平，兩肘微屈。

　　(7)左腿屈膝，上體慢慢後坐，身體重心移至左腿，右腳尖翹起，然後身體左轉，右腳尖內扣，身體重心再移至右腿，左腳隨上體左轉收至右腳內側，腳尖點地；同時右手向

圖 405

圖 406

圖 407

圖 408

左屈臂平舉於胸前；左手向左畫弧至左側，再向下、向右畫
弧至右肋前，使兩掌心上下相對成抱球狀；眼看右手（圖
407、408）。

圖 409　　　　　　　　圖 410

圖 411　　　　圖 412　　　　圖 413

　　(8)同右攬雀尾（2）解，只是左右相反（圖 409、410）。

　　(9)同右攬雀尾（3）解，只是左右相反（圖 411、412、413）。

太極拳入門與精進

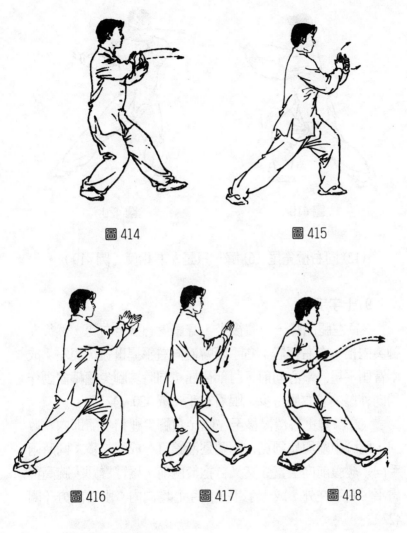

圖 414 圖 415

圖 416 圖 417 圖 418

　　(10)同右攬雀尾（4）解，只是左右相反（圖 414、
415）。

　　(11)同右攬雀尾（5）解，只是左右相反（圖 416、
417、418）。

圖419   圖420

（12）同右攬雀尾（6）解，只是左右相反（圖419）。

9. 十字手

（1）左腿屈膝，上體後坐，身體重心移至右腿，然後左腳尖內扣，向右轉體；右手隨轉體向右平擺畫弧，與左手成兩臂側平舉，掌心向前，肘部微屈；同時右腳尖隨轉體動作稍向外擺，成右側弓步；眼看右手（圖420、421）。

（2）身體重心慢慢移至左腿，右腳尖裡扣，隨即向左收回，兩腳距離與肩同寬，兩腿逐漸蹬直，成開立步；同時兩手向下經腹前向上畫弧交叉合抱於胸前，兩臂撐圓，腕高與肩平，右手在外，成十字手，兩手心均向內；眼看前方（圖422）。

【練習要點】

兩手分開與合抱時，上體不可前俯；站起後，身體自然中正，頭要微向上頂，下頦稍向回收；兩臂環抱時須圓滿舒適，沉肩垂肘。

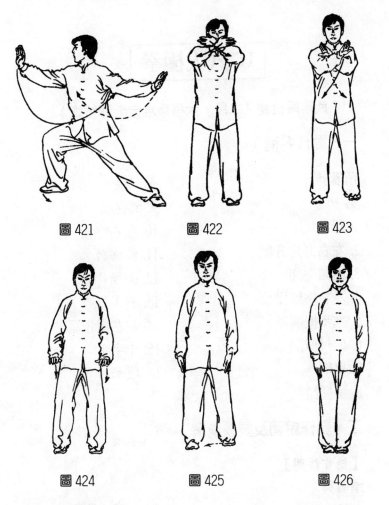

圖 421　　　　　圖 422　　　　　圖 423

圖 424　　　　　圖 425　　　　　圖 426

10. 收勢

　　兩手向外翻掌，手心向下，兩臂慢慢下落，停於身體兩
側；然後重心移至右腿，左腳向右腳靠攏，成併立步；眼看
前方（圖 423、424、425、426）。

　　【練習要點】

　　兩臂左右分開下落時，要注意周身放鬆，氣沉丹田。

16 式太極拳

（武術段位制「二段」太極拳規定考評技術）

一、動作名稱

預備勢

第一段

1. 起勢

2. 左右野馬分鬃

3. 白鶴亮翅

4. 左右摟膝拗步

5. 進步搬攔捶

6. 如封似閉

7. 單鞭

8. 手揮琵琶

第二段

9. 倒卷肱

10. 左右穿梭

11. 海底針

12. 閃通背

13. 雲手

14. 左右攬雀尾

15. 十字手

16. 收勢

二、動作說明及要領講解

【動作說明】

預備勢

身體自然直立，兩腳併攏，頭頸正直，下頦內收，胸腹放鬆，肩臂鬆垂，兩手輕貼於大腿外側；精神集中，眼向前平視，呼吸保持自然（圖427）。

第一段

1. 起勢

（1）左腳向左輕輕分開半步，與肩同寬，腳尖向前（圖

圖 427

圖 428

圖 429

428）。

　　(2) 兩手慢慢向前平舉，手指微
屈，手心向下，舉至與肩同高，兩臂距
離約同肩寬，肘微下垂（圖429）。

　　(3) 上體保持正直，兩腿緩慢屈膝
半蹲；兩掌輕輕下按，落至腹前，手心
向下，掌膝相對（圖430）。

　　【練習要點】

　　沉肩、垂肘，鬆腰屈膝，臀部不可
凸出，身體重心落於兩腿中間；手指自
然微屈，兩臂下落要與身體的下蹲動作
協調一致。

圖 430

圖 431　　　　　　　　　　圖 432

2. 左右野馬分鬃

（1）上體微向右轉，身體重心移至右腿上；同時右臂收於胸前平屈，手心向下；左臂外旋，左手經體前向右畫弧合於腹前，手心向上，兩手心相對成抱球狀；左腳隨即收到右腳內側，腳尖點地；眼看右手（圖 431）。

（2）上體微向左轉，左腳向左前方邁出，腳跟著地，隨即右腳蹬地，上體繼續左轉，左腿前弓，成左弓步；同時左右手隨轉體慢慢分別向左上、右下分開，左手高與眼平，肘微屈，手心斜向上；右手落於右胯旁，肘也微屈，手心向下，指尖向前；眼看左手（圖 432、433、434）。

（3）左腳蹬地，上體慢慢後坐，身體重心移至右腿，左腳尖翹起；身體左轉，右腿屈膝以腳前掌蹬碾地面，左腿隨身體左轉向外擺腳約 45°，隨後全腳踏實，左腳慢慢屈膝前弓；同時左臂內旋於胸前平屈，手心向下，右臂外旋，右手向左上畫弧合於腹前，手心向上，兩手心相對成抱球狀；右

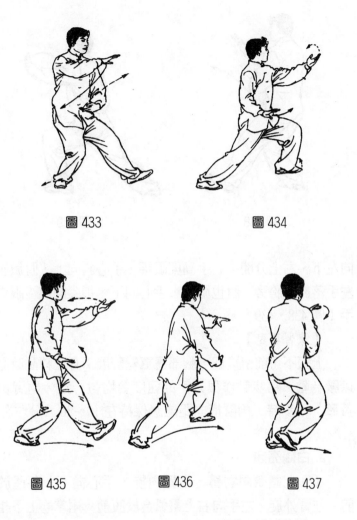

圖 433　　　　　　　　　圖 434

圖 435　　　　圖 436　　　　圖 437

腳隨即收至左腳內側，腳尖點地；眼看左手（圖 435、436、
437）。

（4）右腿向右前方邁出，腳跟著地，隨即左腳蹬地，上
體右轉，右腿前弓，成右弓步；同時左右手隨轉體分別慢慢

圖 438　　　　　　　　　　　圖 439

向左下、右上分開，右手高與眼平，手心斜向上，肘微屈；左手落於左胯旁，肘也微屈，手心向下，指尖向前；眼看右手（圖 438、439）。

【練習要點】

上體不可前俯後仰，胸部應寬鬆舒展；身體轉動時必須以腰為軸，弓步動作與分手的速度要均勻一致，兩臂保持弧形；弓步時，兩腳橫向距離應保持在 10～30 公分左右。

3. 白鶴亮翅

（1）上體微向右轉，右臂內旋，手心向下，平屈於胸前，左臂外旋，左手向右上畫弧合於腹前，兩掌心上下相對成抱球狀；眼看右手（圖 440）。

（2）左腳跟進半步，上體後坐，身體重心移至左腿；隨即上體先向左轉，面向左前方，眼看左手，然後右腳稍向前

圖440

圖441

移，腳尖點地，成虛步；同時
上體再向右回轉，面向前方，
兩手隨轉體慢慢向左上、右下
分開，左手上提停於左額前，
手心向右後方，右手落於右胯
前，手心向下，指尖向前；眼
看前方（圖441、442）。

【練習要點】

　　身體重心後移時，左手上
提，右手下按要與腰部轉動
協調一致；完成姿勢時，胸部
不要挺出，兩臂上下都要保持
半圓形，右膝要微屈。

圖442

圖443   圖444

4. 左右摟膝拗步

（1）左手向體前下落，再由下向左後上方畫弧舉至左肩外，手與耳同高，手心斜向上；右手由右下向上、向左畫弧至左胸前，手心斜向下；同時上體先微向右再向左轉，右腳收至左腳內側，腳尖點地；眼看左手（圖443、444）。

（2）上體右轉，右腳向前方邁出，腳跟著地，隨即左腿蹬地，右腿屈膝前弓，成右弓步；同時左手回屈由耳側向前推出，指尖高與鼻平，右手向下由右膝前摟過落於右胯旁，指尖向前；眼看左手（圖445、446）。

（3）右腿蹬地，上體慢慢後坐，身體重心移至左腿，右腳尖翹起；身體右轉，左腿屈膝以腳前掌蹬碾地面，右腿隨身體右轉向外擺腳約45°，隨後全腳踏實，右腿慢慢屈膝前弓；同時右臂外旋翻掌，右手向右後上方畫弧至右肩外側，肘微屈，手與耳同高，手心斜向上；左手隨轉體向上、向右

圖 445　　　　　　　　圖 446

圖 447　　　圖 448　　　圖 449

下畫弧落於右胸前，手心斜向下；左腳隨即收至右腳內側，
腳尖點地；眼看右手（圖447、448、449）。

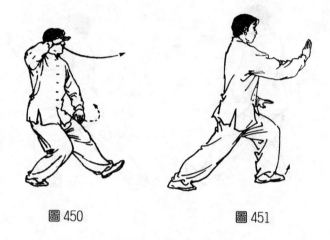

圖450　　　　　　　　　圖451

（4）上體左轉，左腳向左前方邁出，腳跟著地，隨即右腿蹬地，左腿屈膝前弓，成左弓步；同時右手回屈由耳側向前推出，指尖高與鼻平，左手向下由左膝前摟過落於左胯旁，指尖向前；眼看右手（圖450、451）。

【練習要點】

重心轉換時，上體不可前俯後仰，要鬆腰鬆胯；推掌時要沉肩垂肘，同時須與轉腰、弓腿上下協調一致；完成弓步姿勢時，兩腳跟的橫向距離保持約30公分左右。

5. 進步搬攔捶

（1）上體慢慢後坐，身體重心移至右腿，左腳尖翹起；身體左轉、右腿屈膝以腳前掌蹬碾地面，左腳隨身體左轉向外擺腳約45°，隨後全腳踏實，左腿慢慢屈膝前弓；同時右掌變拳，臂內旋向下、向左經腹前畫弧至左肋旁，拳心向下；左掌向前、向右畫弧至胸前，掌心向下；眼看左掌（圖

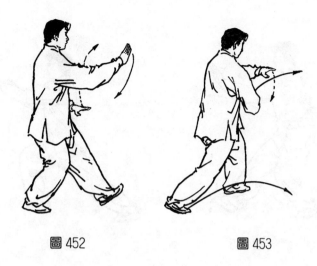

圖452　　　　　　　　　圖453

452、453）。

　　(2) 身體重心移至左腿，上體微右轉，右腳提起經左腳內側向右前方邁出，腳跟著地；同時右拳經胸前向前翻轉撇出，拳心向上；左手下落按於左胯旁，掌心向下，指尖向前；眼看右拳（圖454）。

　　(3) 身體右轉，左腿屈膝以腳前掌蹬碾地面，右腿隨身體右轉向外擺腳約45°，隨後全腳踏實，右腿慢慢屈膝前

圖454

弓，身體重心前移至右腿，左腳經右腳內側向前提起；同時左手上起，臂微內旋向右弧形攔出，掌心向右，右拳先向內翻轉下落，至身體右側時再向外翻轉畫弧收至右腰旁，拳心

圖 455　　　　　　　　　　　圖 456

向上；眼看左手（圖 455）。

（4）左腳向左前方邁出，腳跟著地，右腿蹬地，左腿屈膝前弓，成左弓步；同時右拳向前打出，拳眼向上，高與胸平；左手附於右前臂內側，掌心向右；眼看右拳（圖 456）。

【練習要點】

右拳不要握得太緊，向前打拳時上體不可前俯，右肩隨拳略向前引伸，沉肩垂肘，右臂肘微屈；弓步時，兩腳跟橫向距離不超過 10 公分。

6. 如封似閉

（1）左手由右腕下向前伸出，右拳變掌，兩手手心逐漸翻轉向上並慢慢分開回收；同時身體後坐，左腳尖翹起，身體重心移至右腿；眼看前方（圖 457、458、459）。

（2）兩手在胸前翻掌，向下經腹前再向上、向前推出，

圖 457　　　　　圖 458　　　　　圖 459

圖 460　　　　　　　圖 461

腕部與肩平，手心向下，掌指向上；同時左腿屈膝前弓，成
左弓步；眼看前方（圖460、461）。

【練習要點】

身體後坐時，上體不可後仰或凸臀前俯；兩臂隨身體回

圖 462　　　　　　　圖 463

收時，肩、肘部略向外鬆開，不要直著抽回；兩手推出的寬
度不要超過兩肩。

7. 單鞭

　　⑴身體右轉，右腳外擺，左腳內扣成右弓步；同時右
手向右平擺畫弧至右側方，手心向外；左手鬆腕向下、向右
畫弧至腹前，手心向內；眼看右手（圖462）。

　　⑵身體重心移至右腿，左腳收至右腳內側，腳尖點
地；同時右掌變勾手，左手畫弧至右肩前；眼看左手（圖
463）。

　　⑶上體微向左轉，左腳向左前方邁出，右腳跟後蹬，
成左弓步；在身體重心移向左腿的同時，左臂隨上體繼續左
轉慢慢內旋，左手翻轉向前推出，手心向前，手指與眼齊
平，肘微屈；眼看左手（圖464、465）。

　　【練習要點】

圖464　　　　　　　　　圖465

　　上體保持正直，左手向外
翻掌前推時，要與轉體動作配
合協調一致；完成姿勢時，兩
肩下沉，右臂肘部稍下垂，左
肘尖與左膝尖上下相對。

8. 手揮琵琶

　　（1）身體重心前移至左
腿，腰部鬆縮，微向左轉，
右腳提起至左腳後面；同時
左掌向內、向下畫弧至左胯
前，右勾手變掌隨腰的轉動向

圖466

內、向前平擺至體前，掌心斜向上；眼看前方（圖466）。

　　（2）右腳落實，身體重心後移，左腳稍向前上步，腳跟
著地，膝微屈成左虛步；同時右掌隨腰微右轉屈肘回帶，掌
心轉向下；左掌向外、向前上方畫弧挑舉，然後兩臂鬆沉屈

圖 467   圖 468

臂合於胸前，左手成側立掌停於面前，指尖與眉心相對；右掌也成側立掌停於左臂內側，掌心與左肘相對；眼看左掌（圖467）。

【練習要點】

右腳提步時，腳跟先離地，然後輕輕將全腳提起；落步時先以腳前掌著地，隨重心後移再慢慢將全腳踏實；完成虛步合手動作時，兩肩要鬆沉，兩臂要有合勁；整個動作過程身體要保持自然平穩。

第二段

9. 倒卷肱

（1）上體右轉，右手翻掌，手心向上、向下經腹前向後上畫弧平舉，肘微屈，左手隨即翻掌使手心向上；眼看右手（圖468）。

（2）右臂屈肘折向前，右手由耳側向前推出，掌心向

圖 469

圖 470

前，手指向上，左臂屈肘後撤，手心向上至左肋外側；同時左腿輕輕提起向左後退一步，腳掌先著地，然後全腳慢慢踏實，身體重心移至左腿上，成右虛步，右腳隨轉體以腳掌為軸扭正；眼看右手（圖469、470）。

圖 471

　　(3)上體微向左轉，同時左手隨轉體向後上畫弧平舉，手心向上，右手隨即翻轉使掌心向上；眼看左手（圖471）。

圖 472　　　　　　　　圖 473

（4）與（2）解同，只是動作相反（圖 472、473）。

【練習要點】

退步時，腳前掌先著地，然後全腳踏實，重心後移要做到虛實轉換清楚，身體不可上下起伏，同時兩腳要保持約10公分的橫向距離，避免兩腿交叉，重心不穩。

10. 左右穿梭

（1）上體右轉，左腳內扣，身體重心移至左腿，隨即右腿隨身體右轉輕輕外旋提起；同時右臂內旋翻掌向上畫弧平屈於右胸前，手心向下；左手向下、向右畫弧至腹前，手心向上，兩手掌心上下相對成抱球狀；眼看右手（圖 474、475）。

（2）右腳全腳慢慢下落踏實，身體重心移至右腿，隨即左腳提起經右腳內側向左前方邁出，腳跟著地，然後左腿屈膝前弓成左弓步；同時左手向上經臉前翻掌舉於左額前，手心斜向上；右手先向右下再經胸前隨身體左轉向前推出，掌

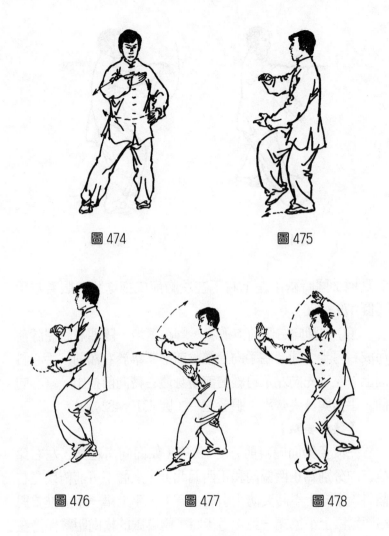

圖474　　　　　　　　圖475

圖476　　　　圖477　　　　圖478

心向前，手指與鼻尖齊平；眼看右手（圖476、477、478）。

（3）身體重心略向後移，左腳尖翹起微內扣，隨即重心前移至左腿，左腳踏實；右腳提起跟進，停於左腳內側，腳

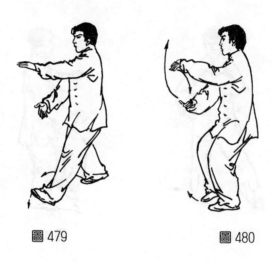

圖479　　　　　　　　　　圖480

尖點地；同時兩手左上右下在左胸前成抱球狀；眼看左手
（圖479、480）。

（4）右腳向右側前方邁步，腳跟著地，隨即右腿屈膝前
弓成右弓步；同時右手向上經臉前翻掌舉於右額前，手心斜
向上；左手先向左下再經胸前隨身體右轉向前推出，掌心向
前，手指與鼻尖齊平；眼看左手（圖481、482）。

【練習要點】

完成姿勢面向斜前方約30°角（如面向南起勢，左右穿
梭方向分別為正西偏南和正西偏北），上體不可前俯或左右
傾斜；手向上舉時要防止引肩上聳；一手上舉一手前推要與
弓腿鬆腰上下協調一致；弓步時，兩腳跟的橫向距離保持在
30公分左右。

11. 海底針

左腳向前跟進半步，身體重心移至左腿，右腳稍向前

圖 481　　　　　　　　圖 482

圖 483　　　　　　　　圖 484

移，腳尖點地，成右虛步；同時上體微向左轉，左手下落經
體前向後、向上提抽至左肩上耳旁，再隨身體右轉，由左耳
旁斜向前下方插出，掌心向右，指尖斜向下；右手向前、向
下畫弧落於右胯旁，手心向下，指尖向前；眼看前下方（圖
483、484）。

圖 485　　　　　　圖 486　　　　　　圖 487

【練習要點】

身體要先向左轉再向右轉，完成姿勢面向正西，上體不可太前傾，避免低頭弓腰和臀部凸起，右腿膝部要微屈。

12. 閃通背

上體略向左轉，右腳向前邁出，腳跟著地，隨即右腿屈膝前弓，成右弓步；同時左手由體前上提，然後屈臂上舉，停於左額前上方，使掌心翻轉斜向上，拇指朝下；右手上起經胸前向前推出，掌心向前，手指向上，高與鼻尖齊平；眼看右手（圖 485、486、487）。

【練習要點】

完成姿勢上體自然正直，腰、胯鬆沉；左臂不要完全伸直，背部肌肉要伸展開；推掌、舉臂和弓腿動作要協調一致；弓步時，兩腳跟橫向距離不超過 10 公分。

圖 488　　　　圖 489　　　　圖 490

13. 雲手

(1) 上體左轉，左腳尖外擺，右腳尖內扣，身體重心移至左腿成左弓步；同時左手由上向左、向下畫弧至平舉，手心斜向下；右手向下經腹前向右上畫弧至左肩前，手心斜向內；眼看左手（圖 488）。

(2) 上體慢慢右轉，身體重心隨之逐漸移至右腿，右手經臉前向右側運轉，手心漸漸向右，左手向下經腹前向左上畫弧至右肩前，手心斜向內；同時左腳收近右腳，成小開立步（兩腳內側距離約 10～20 公分）；眼看左手（圖 489、490）。

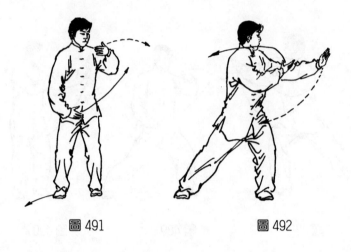

圖 491　　　　　　　　圖 492

　　(3) 上體再向左轉，同時右手向下經腹前向左上畫弧至左肩前，手心斜向內；左手向左側運轉，手心翻轉向左；隨之右腿向右橫跨一步；眼看右手（圖 491、492）。

　　(4) 同 (2) 解（圖 493、494）。

【練習要點】

　　身體轉動要以腰背為軸，腰、胯放鬆，不可忽高忽低，或左右搖擺；兩臂隨腰的轉動而運動，要自然圓活，速度要緩慢均勻；下肢移動時，重心要穩定，兩腳掌依次著地再踏實，腳尖向前，眼的視線隨左右手而移動；第二個「雲手」，左腳併步時腳尖微向裡扣，便於接下一動作。

14. 左右攬雀尾

　　(1) 上體微向左轉，身體重心移至左腿，右腳跟輕提，右腳尖點地；同時左臂內旋於胸前平舉，右手下落，臂外旋收於腹前，兩手心上下相對成抱球狀；眼看左手（圖

圖 493　　　　　　　圖 494

圖 495

495）。

　　⑵上體微向右轉，右腳向右前方邁出，腳跟著地，隨
即左腿自然蹬直，右腿屈膝前弓，成右弓步；同時右臂平
屈，用前臂外側和手背由下向前上弧形掤出，高與肩平，虎

圖 496　　　　　　　　　　　　圖 497

口向上，手指向左；左手向左下落按於左胯旁，手心向下，
指尖向前；眼看右前臂（圖496、497）。

【練習要點】

　　出時，兩臂前後均保持弧形；分手、鬆腰、弓腿三者要
協調一致；弓步時，兩腳跟橫向距離不超過10公分。

　　(3) 身體微向右轉，右手隨即前伸翻掌，手心向下；左
手翻掌，手心向上經腹前向上、向前伸至右前臂下方；然後
兩手下捋，上體左轉，雙手經腹前向左後上方畫弧，直至左
手手心向上，高與左肩齊；右臂平屈於左胸前，手心向內；
同時身體重心移至左腿；眼看左手（圖498、499、500）。

【練習要點】

　　下捋時，上體不可前傾，臀部不要凸出；兩臂下捋須隨
腰旋轉，仍走弧線；右腳在身體重心後移時保持全腳掌著
地。

　　(4) 上體微向右轉，左臂屈肘折回，左手附於右手腕裡

圖 498　　　　　圖 499　　　　　圖 500

圖 501　　　　　　　圖 502

側，隨即上體繼續向右轉，雙手同時向前慢慢擠出，右手心
向內，左手心向前，右前臂呈半圓形；同時身體重心逐漸前
移成右弓步；眼看右手腕部（圖 501、502）。

圖 503　　　　　　　　　　圖 504

【練習要點】

向前擠時，上體要正直，擠的動作要與鬆腰、弓腿一致。

(5)右手翻掌，手心向下，左手經右腕上方向前，向左伸出，高與右手齊，手心向下，兩手左右分開，與肩同寬；然後左腿屈膝，上體慢慢後坐，身體重心移至左腿上，右腳尖翹起；同時兩手屈肘經胸下落於腹前，手心均向前下方；眼向前看（圖 503、504、505）。

(6)上勢不停，身體重心慢慢前移，兩手向前、向上弧形按出，掌心向前，手指向上；同時右腿屈膝前弓，成右弓步；眼向前平視（圖 506）。

【練習要點】

向前按時，兩手須走曲線；完成姿勢時，兩肘微屈，兩手腕部與肩齊平。

(7)左腿屈膝，上體慢慢後坐，身體重心移至左腿，右

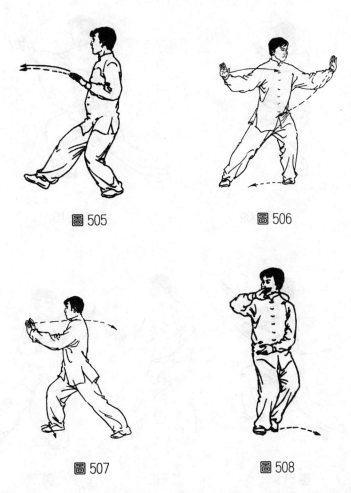

圖505

圖506

圖507

圖508

腳尖翹起；然後身體左轉，右腳尖內扣，身體重心再移至右腿，左腳隨上體左轉收至右腳內側，腳尖點地；同時右手向左屈臂平舉於胸前；左手向左畫弧至左側，再向下、向右畫弧至右肋前，使兩掌心上下相對成抱球狀；眼看右手（圖507、508）。

圖 509　　　　　　　　圖 510

圖 511　　　圖 512　　　圖 513

　　(8) 同右攬雀尾 (2)解，只是左右相反（圖509、
510）。

　　(9)同右攬雀尾 (3)解，只是左右相反（圖511、512、
513）。

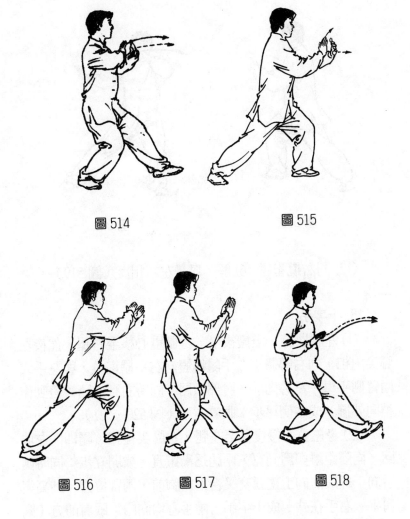

圖514

圖515

圖516

圖517

圖518

　　(10)同右攬雀尾 (4)解，只是左右相反（圖514、
515）。

　　(11)同右攬雀尾 (5)解，只是左右相反（圖516、
517、518）。

圖519　　　　　　　　　　圖520

（12）同右攬雀尾（6）解，只是左右相反（圖519）。

15. 十字手

（1）左腿屈膝，上體後坐，身體重心移至右腿，然後左腳尖內扣，向右轉體；右手隨轉體向右平擺畫弧，與左手成兩臂側平舉，掌心向前，肘部微屈；同時右腳尖隨轉體動作稍向外擺，成右側弓步；眼看右手（圖520、521）。

（2）身體重心慢慢移至左腿，右腳尖裡扣，隨即向左收回，兩腳距離與肩同寬，兩腿逐漸蹬直，成開立步；同時兩手向下經腹前向上畫弧交叉合抱於胸前，兩臂撐圓，腕高與肩平，右手在外，成十字手，兩手心均向內；眼看前方（圖522）。

兩手分開與合抱時，上體不可前俯；站起後，身體自然中正，頭微向上頂，下頦稍向回收；兩臂環抱時須圓滿舒適，沉肩垂肘。

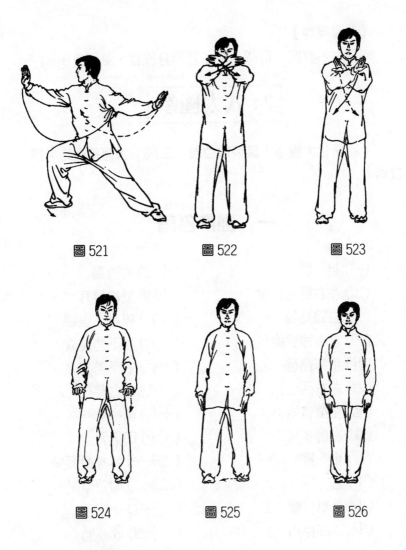

圖 521　　　　　　圖 522　　　　　　圖 523

圖 524　　　　　　圖 525　　　　　　圖 526

16. 收勢

兩手向外翻掌，手心向下，兩臂慢慢下落，停於身體兩側；然後重心移至右腿，左腳向右腳靠攏，成併立步；眼看前方（圖 523、524、525、526）。

【練習要點】

兩臂左右分開下落時，要注意周身放鬆，氣沉丹田。

24 式太極拳

（即簡化太極拳，武術段位制「三段」太極拳規定考評技術）

一、動作名稱

(一) 起　勢

(二) 左右野馬分鬃

(三) 白鶴亮翅

(四) 左右摟膝拗步

(五) 手揮琵琶

(六) 左右倒卷肱

(七) 左攬雀尾

(八) 右攬雀尾

(九) 單　鞭

(十) 雲　手

(十一) 單　鞭

(十二) 高探馬

(十三) 右蹬腳

(十四) 雙峰貫耳

(十五) 轉身左蹬腳

(十六) 左下勢獨立

(十七) 右下勢獨立

(十八) 左右穿梭

(十九) 海底針

(二十) 閃通臂

(二十一) 轉身搬攔捶

(二十二) 如封似閉

(二十三) 十字手

(二十四) 收　勢

圖 527　　　　　　　　圖 528

二、動作說明及要領講解

預備勢

身體自然站立，兩腳併攏，腳尖向前，兩手垂於大腿外側，手指微屈。頭頸正直，口閉齒扣，舌抵上腭，胸腹放鬆。精神集中，表情自然。眼平視前方（圖527）。

（一）起　勢

【動作說明】

1. 雙腳併立——左腳向左分開半步，兩腳平行向前同肩寬，成開立步（圖528）。

2. 兩臂前舉——兩臂慢慢向前平舉，與肩同高、同寬，自然伸直，肘關節向下微屈；兩手心向下，指尖向前（圖

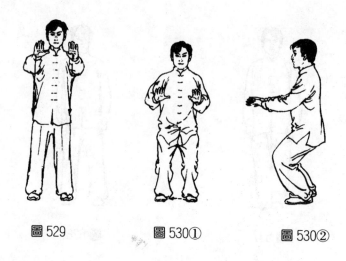

| 圖 529 | 圖 530① | 圖 530② |

529）。

　　3. 屈腿按掌——兩腿慢慢屈膝半蹲，重心平均落於兩腿之間，成馬步；兩掌輕輕下按至腹前，如按在身前的書桌上，上體舒展正直，如端正地坐在椅子上。眼平視前方（圖530①②）。

　　【練習要點】

　　1. 起勢動作中出現的開立步和馬步是太極拳的步型。兩腳要平行向前，身體重心平均放於兩腳。

　　2. 由併步站立變轉到開立步時，應首先使左膝放鬆，身體重心落在右腿上，隨之輕輕地提起左腳，以不超過右踝的高度為宜。落腳時前腳掌先著地並使腳尖向前，隨之全腳掌逐漸踏實。上述轉換雖然簡單，但體現了太極拳「輕起輕落、點起點落」的步法規律。

　　3. 手臂前舉時，兩手先在兩腿外側將掌心轉向後方，隨即兩臂慢慢地向體前平舉，好像要把一根繫於手腕的橡皮筋

太極拳入門與精進

拉長扯起似的。注意腕關節不要過於鬆軟，不要出現指尖朝下的「折腕」。

4. 做下按動作時，要求做到如下三點：

① 下按時的用力和用意，有如要將水面上漂浮著的一塊木板按入水中。

② 兩掌要有主動下按的動作，直按到兩手與腹同高。

③ 按掌時手心朝下，按到終點時須展掌、舒指。

5. 上體要保持正直，不要前俯後仰。為此脊背、臀部、腳跟基本在同一垂面上。

6. 在做本式時，無論兩臂前舉還是下按，兩肘尖都不可外撐、上揚；兩肩不可緊張、聳起。

7. 在太極拳練習中，除少數式子外，整個練拳過程都是在屈膝半蹲的狀態中進行的。這個屈膝的程度，即通常所講的拳架高度，整套拳基本上要保持一致，不允許忽高忽低。其高度視體質強弱及鍛鍊基礎而有所不同。

8. 太極拳的每一個式子都是由過渡動作和定勢動作組成的。「定勢」除了說明每個拳式到哪兒算完成外，還對身體各部位和勁力的運用有特定的要求。如本式定勢，兩腿屈蹲到預定的高度，同時頂頭、沉肩、展背、立腰，兩手沉按，展掌舒指，精神貫注，還要配合呼氣下沉。這樣，就使連綿不斷的動作到這裡有了一種沉穩感，即常說的「沉勁」、「掤勁」。定勢做得不好，就體現不出過渡動作的輕靈和完成姿勢的沉穩。

9. 「起勢」是太極拳的第一個式子。它表現了太極拳的基本特點和要領，決不可因動作簡單而輕視它。

|圖 531|圖 532|圖 533|

(二)左右野馬分鬃

【動作說明】

1. 左野馬分鬃

(1) 抱手收腳——上體稍向右轉，右臂屈抱於右胸前，右手心向下，左手翻轉向上，左臂屈抱於腹前，兩手上下相對，如在右肋前抱球；左腳收至右腳內側，腳尖點地；眼看右手（圖 531）。

(2) 轉體上步——上體左轉，左腳向左前方邁出一步，腳跟輕輕著地，重心仍在右腿（圖 532）。

(3) 弓步分手——上體繼續左轉，重心前移，左腳踏實，左腿屈膝前弓，右腿自然蹬直，右腳跟外展，成左弓步；兩掌前後分開，左手分至體前，高與眼平，手心斜向上，右手按至右胯旁，手心向下，指尖向前；兩臂稍屈；眼看左掌（圖 533）。

圖 534　　　　　　　　　　圖 535

2. 右野馬分鬃

（1）轉體撇腳——重心稍向後移，左腳尖翹起外撇；上體稍左轉；兩手準備翻轉「抱球」（圖534）。

（2）抱手收腳——上體再左轉，左手翻轉在左胸前屈抱；右手翻轉前擺，在腹前屈抱，兩手上下相對，如在左肋前抱球；重心前移至左腿，左腳踏實，右腳收至左腳內側，腳尖點地；眼看左手（圖535）。

圖 536

（3）轉體上步——上體稍右轉，右腳向右前方邁出一步，腳跟輕輕著地（圖536）。

（4）弓步分手——上體再右轉，重心前移，右腳踏實，

圖537　　　　　　　　　　　圖538

右腿屈膝前弓，左腿自然蹬直，左腳跟外展成右弓步；兩手
前後分開，右手分至體前，高與眼平，手心斜向上，左手按
至左胯旁，手心向下，指尖向前，兩臂微屈；眼看右手（圖
537）。

3. 左野馬分鬃

　　(1) 轉體撇腳——重心稍後移，右腳尖翹起外撇；上體
稍右轉；兩手準備翻轉「抱球」（圖538）。

　　(2) 抱手收腳——上體再右轉，右手翻轉在右胸前屈
抱，左手翻轉前擺，在腹前屈抱，兩手上下相對，好像在右
肋前抱球；重心前移，右腳踏實，左腳收至右腳內側，腳尖
點地；眼看右手（圖539）。

　　(3) 轉體上步——同前（圖540）。

　　(4) 弓步分手——同前（圖541）。

太極拳入門與精進

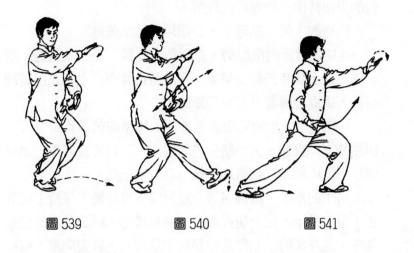

圖539　　　　　　圖540　　　　　　圖541

【練習要點】

1. 左野馬分鬃

(1) 轉體和抱手的動作，是同時進行的。要在轉體的帶動下協調一致地完成。

「抱球」時右臂要鬆而不軟，大體與肩平；肩部放鬆，手指微屈，肘略低於肩，腕略低於手；前臂與胸部之間應有20～30公分的距離；整個右臂呈弧形。

左臂的畫弧，除手掌走弧線外，還要伴隨著前臂的旋轉。

「抱球」，是一個形象的比喻，要使兩臂和前胸之間有容下一個「球」的空檔，既能抱得住，又不使「球」觸著身體。

(2)「左腳收至右腳內側，腳尖點地」。這時身體重心絕大部分應落在右腿上，左腳只起輔助支撐的作用。待動作熟練以後，左腳收向右腳內側，腳尖不應點地，以後各式類

似的步法轉換，均應照此理解。

這裡的「腳尖點地」，是指用腳前掌著地。

(3) 假設面向南起勢，第一個「分鬃」要面向東方。這一轉動在上步時先轉至偏東，弓步時再轉向正東。在連貫練習時，這兩段轉體是不可間斷的。

(4) 左腳上步要腳跟先著地。太極拳向前邁步時要求一腿屈膝支撐身體，另一腿輕靈地邁出，不可將身體重心過早前移，造成腳掌沉猛落地，像「砸夯」一樣。

弓步的步幅，以練習者一腿屈膝支撐身體，保持上體端正，重心穩定，另一腿提起自然伸直邁出，腳跟著地的距離為準。邁左步時，左腳落點要在中線偏北，腳尖向東，兩腳跟之間保持 20～30 公分橫向寬度。

初學者在邁步時左腳落點往往不到位，形成前後腳踏在一條直線上的「走鋼絲」狀；甚至將左腳邁到中線以南呈「擰麻花」狀。針對上述錯誤，應注意上步時結合轉體，開胯出腳。這樣，邁步的落點就易於到位了。

(5) 弓步時要由腰部旋轉，左腿屈弓和右腿後蹬協調配合，不可先蹬直右腿再屈左膝，造成腰胯緊張、身體起伏的毛病。

(6) 弓步完成時左腿膝蓋與腳尖應上下對正，與地面垂直。右腿伸直時要後蹬腳跟，就是以腳前掌為軸，使腳跟外展，將右腳轉向東南，與中線的交角成 45～60°，使兩腳調整成「人」字形。腳跟的蹬展，是趁勢做出的調整動作，不應做得急猛、突然，以免造成「斷勁」。

太極拳的弓步，後腿不能像練長拳那樣挺勁繃直，以致腰胯鬆不開。但也不可過於放鬆，使膝部出現較大的彎曲，

顯得軟化無力。

另外，在右腿自然伸直以後，右腳要全腳踏實地面，不允許出現腳外側離地（掀腳）和腳後跟離地（拔跟）的現象。

弓步步型中，前、後腿分擔體重的虛實比例是：前腿約承擔三分之二，後腿約承擔三分之一。

(7) 分手時左手手心斜向上，力點在前臂外側，向左斜上方「靠」出。此時左肩要鬆沉，肘部要微屈，分到頂點時，要展掌、舒指，體現出由輕靈走向沉穩的氣勢。右手要隨之向右下方分開，採至右胯旁，手心向下，指尖朝前，肘微屈，採到頂點也要求展掌、舒指、坐腕、沉肩。

(8) 眼神是太極拳運動的一個重要部分。本勢的眼神運用，由「起勢」的眼看前方，轉為注視右手，再隨視左手，定勢時眼看左手。要避免低頭或歪頭，也不要死盯著手，應把視線近視遠望，合理調節，有張有弛。

(9) 在完成姿勢的一瞬間，應有一點向四肢、頭頂膨脹貫力的意念，同時呼氣下沉。這樣可使完成姿勢更臻沉穩，虛實變化更為分明。但要注意貫力的意念不宜過分。尤其不要故意兩臂繃緊、彎腿下沉，以免出現錯誤動作。

2. 右野馬分鬃

(1) 轉體翹腳時，身體的重心平穩勻緩地後移，與上體左轉要協調並進。重心移動過程中，上體要保持正直，不可起伏，移動幅度不必過大。也不可先做成虛步再轉體，造成「斷勁」脫節。

(2) 兩手翻掌畫弧「抱球」時，兩手先略放鬆（由實變

虛），隨即左掌內旋，右掌外旋畫弧，後腳同時收攏。

（3）收腳時，主要是重心前移，以大腿的力量輕輕地把後腳提起，慢慢地屈膝向前，使後腳在前腳的內側落下。初學者往往沒有把重心移到前腿，而是一蹬而起，快速地收腳，如同「踩彈簧」似的。也有把後腿拖上前去，後腳擦著地面，如同「穿拖鞋」。還有的人身體起伏明顯。這些常見毛病都應注意克服。

（4）「抱球」的動作和轉腰、收腳的動作要同時協調地完成，不要「球」已抱好而後腳尚未到位。

（5）連續的上步步法，是本式的重點。可專門做弓步和連續上步的步法訓練。做法參見前基本功中行步練習（二）。

【攻防含意】

野馬分鬃的手法是下採前靠。例如，對方右手打來，我用右手擒握對方手腕向下採引，同時左腳上步插入對方身後，左前臂隨之插入對方右腋下，用轉腰分靠之力使對方仰倒。

(三)白鶴亮翅

【動作說明】

1. 跟步抱球——上體稍左轉；右腳向前跟步，前腳掌輕輕落於左腳後，相距約一腳長；兩手翻轉相對，在胸前屈臂「抱球」，左手在上；眼看左手（圖542）。

2. 後坐轉體——重心後移，右腳踏實，上體後坐並向右轉體；兩手開始交錯分開，右手上舉，左手下落；眼看右手（圖543）。

圖542　　　　　　　圖543　　　　　　　圖544

3. 虛步分手——左腳稍向前移動，腳前掌著地，成左虛步；右手分至右額前，掌心向內，左手按至左腿旁；上體轉正，眼平視前方（圖544）。

【練習要點】

1. 本式的步型是虛步，步法是跟步。右腳跟步時，右腳前掌輕輕地落地，此時身體重心仍由左腿支撐，避免右腳落地時「砸夯」。接著，重心慢慢後移，右腿由虛變實，左腳輕緩地稍向前移，調整成左腳前掌著地的左虛步。

做上述步法轉換時，必須注意在腰部的旋轉帶動下協調運動。跟步時腰部微左轉，合胯收腳；後坐時腰部微右轉，重心後移。

2. 隨著兩手上下分開，應注意下頦微收，頭微上頂，配合吸氣，有輕靈上提的意念；兩手分至頂點時，右手外展，左手下按，配合呼氣下沉、鬆腰鬆胯、頂頭沉肩、精神貫注，顯示定勢時的沉著與穩定。

3. 虛步時，後腿保持原屈膝程度，支撐著絕大部分的體重。後腳全腳掌踏實，腳尖外撇，約為 45～60°；前腳以腳跟或腳前掌著地（本式是以左腳前掌著地的虛步），指向正前方。後腿膝部保持和腳尖相同的方向，不要裡裏夾襠或外展敞襠；前腿膝部要保持微屈，不要僵硬挺直。虛步兩腳間的橫向距離，不要超過一拳寬度。

4. 初學者在做虛步時常常發生上體後仰，挺髖挺腹；上體前俯，挺胸突臀；虛腿膝部挺直，實腿膝部裡裏；兩腳橫向距離過大或過小；兩腿虛實不明，虛腿承擔體重過多等毛病，都應引起注意。

5. 太極拳身型要求立身中正，舒展自然。上體要做到自然端正，頂頭豎項，沉肩含胸，直脊展背，鬆腰鬆腹。軀幹應避免緊張僵挺，俯仰歪斜；也要防止萎縮不展、駝背、彎腰、低頭。

6. 掌，是太極拳的主要手型。其規格是：五指舒展微屈自然分開，虎口撐圓，掌心內含。用力要輕柔，不可過硬、過軟。

【攻防含意】

白鶴亮翅的含意有二。一是對方雙掌攻來，我急用兩手上下分開對方雙掌，瓦解其攻勢。二是對方右手攻來，我用左手擒住其右腕，右臂插入對方右腋下，用轉腰橫胯之力使其前撲。

圖 545　　　　　圖 546　　　　　圖 547

(四) 左右摟膝拗步

【動作說明】

1. 左摟膝拗步

(1) 轉體擺臂——上體稍左轉；右手擺至體前，手心轉向上；眼看右手（圖 545）。

(2) 擺臂收腳——上體右轉；兩臂交叉擺動，右手自頭前下落，經右胯側向右後方上舉，與頭同高，手心向上，左手自左側上擺，經頭前向右畫弧落至右肩前，手心向下；左腳收至右腳內側，腳尖點地；頭隨體轉，眼看右手（圖546）。

(3) 上步屈肘——上體稍左轉；左腳向左前方邁出一步，腳跟輕輕落地；右臂屈肘，右手收至肩上、頭側，虎口與耳相對，掌心斜向前，左手落經腹前；眼轉看前方（圖547）。

圖548　　　　　　　　　　圖549

（4）弓步摟推——上體繼續左轉；重心前移，左腳踏實，左腿屈弓，右腿自然蹬直成左弓步；左手經左膝前上方摟過，停於左腿外側，掌心向下，指尖向前；右手向前推出，與鼻尖相對，掌心向前，五指向上，右臂自然伸直，肘微屈垂；眼看右手（圖548）。

2. 右摟膝拗步

（1）轉體撇腳——重心稍後移，左腳尖外撇；上體左轉；兩臂外旋，開始擺動；眼看右手（圖549）。

（2）擺臂收腳——上體再左轉；重心前移，左腳踏實，右腳收至左腳內側，腳尖點地；右手經頭前畫弧，擺至左肩前，掌心向下，左手向左上方畫弧上舉，擺至與頭同高，掌心向上；眼看左手（圖550）。

（3）上步屈肘——上體稍右轉；右腳向右前方邁出一步，腳跟輕輕落地；左臂屈肘，左手收至肩上、頭側，虎口

圖 550

圖 551

與耳相對，掌心斜向前，右
手落經腹前；眼轉看前方
（圖 551）。

　　(4)弓步摟推——上體繼
續右轉；重心前移，右腳踏
實，右腿屈弓，左腿自然蹬直
成右弓步；右手經右膝前上方
摟過，停於右腿外側，掌心向
下，指尖向前，左手向前推
出，與鼻尖相對，掌心向前，
五指向上，左臂自然伸直，肘
微屈垂；眼看左手（圖 552）。

圖 552

圖 553　　　　　　　　　　圖 554

3. 左摟膝拗步

動作與右摟膝拗步相同，惟左右相反（圖 553、554、555、556）。

【練習要點】

1. 摟膝拗步的弓步與野馬分鬃一樣，前腳應保持直向前方，與後腳的寬度應在 30 公分左右。它的手法是前推，雖然與野馬分鬃的分靠不同，但由於其步型是手腳不同側的拗弓步，故兩腳寬度也應保持與野馬分鬃大體相同，以利身體重心穩定。

2. 在上步過程中，後腳收至支撐腳內側，腳尖點地，這是為了照顧初學者支撐無力、重心不穩的困難。一旦動作熟練，應逐步取消腳尖點地，使後腳經支撐腳內側時不停不落，連貫地向前邁出。控制能力較強的初學者，完全可以直接上步，不必點地緩衝。以後凡上步步法皆應如此處理。

3. 做「摟膝拗步」時也要以腰部的轉動來帶動四肢，做

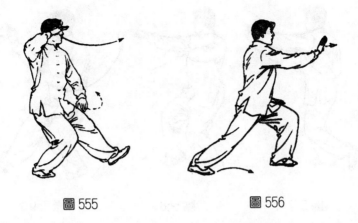

圖 555　　　　　　　　圖 556

到以腰為軸，協調全身。

　　初學者在做「轉體擺臂」時，常常不轉腰，僅用兩臂掄圈，如「耍棍」一樣，或只轉頭和手，而不轉腰，造成腰胯歪扭，重心不穩。都要及時糾正。

　　4.「野馬分鬃」的手法是以「抱」、「分」為主，本式的手法則是以「推、摟」為主。以左摟掌為例，左掌從右肩前向下畫弧經膝前摟到左腿側。推掌時（以右推掌為例），右掌從右後方屈肘，使掌收到耳側，再向前推出。當推至終點（定勢）時，舒指、展掌、虎口撐圓，掌根前頂，腕肘下沉，把意念集中到領勁的五指和掌根上，使拇、食、中三指感到微微發脹。同時配合頂頭豎腰、沉肩含胸、呼氣實腹。這種由虛變實的演練會有把軀幹和手臂伸展拔長的感覺。

　　5. 太極拳動作要求協調完整，在做「摟膝拗步」時，前推、下摟的兩掌和弓腿應同時到達頂點，而不應有先有後。初學者往往是弓的腿先到，下摟的掌先摟完，而前推的掌卻

圖 557   圖 558   圖 559

總滯後，令人看起來不協調。

【攻防含意】

摟膝拗步的用意是：一手摟開對方攻來的手或腳，另一手向前推打反擊。

(五) 手揮琵琶

【動作說明】

1. 跟步展臂——右腳向前收攏半步，腳前掌輕落於左腳後，相距約一腳長；右臂稍向前伸展，腕關節放鬆（圖 557）。

2. 後坐引手——重心後移，右腳踏實，左腳跟提起，上體右轉；左手向左、向上畫弧擺至體前，掌心斜向下，右手屈臂後引，收至胸前，掌心也斜向下（圖 558）。

3. 虛步合手——上體稍向左回轉，左腳稍前移，腳跟著地，成側身左虛步；兩臂外旋，沉肘屈抱，兩手前後交錯，

側掌合於體前，左手與鼻相對，掌心向右，右手與左肘相對，掌心向左，兩臂像懷抱琵琶的樣子；眼看左手（圖559）。

【練習要點】

1. 後坐引手時，左手前擺和右手引帶的動作是在身體重心後移，上體右轉，右腳逐漸踏實的過程中協調一致地進行的。引手時右臂向體側平屈，注意前臂與上臂之間及臂與胸、肋部之間不要夾緊，形成「死角」。

2. 兩臂向內合抱，應由上體向左回轉帶動，通過兩臂外旋，屈撐沉送來體現。兩臂的這種合勁，就好像用改錐輕輕旋緊螺絲釘似的，沉實而輕穩。

本勢動作並不複雜，但初學者往往做得飄浮散亂，這主要是忽略了「身法」，身手脫節所造成的。

3. 定勢時，兩臂應保持弧形，充分掤展，不要使肘部過分彎曲或伸直。同時還應做到頂頭沉肩，上體豎直，呼氣下沉，鬆胸實腹。

【攻防含意】

手揮琵琶是合手撅臂。當對方右手打來，我用右手扶其腕部，順勢向後牽引；同時左手貼於對方肘關節處，然後兩手左右用力內合，採用反關節擒拿方法，使對方右臂傷折。

(六)左右倒卷肱

【動作說明】

1. 右倒卷肱

(1)轉體撤手——上體稍右轉；兩手翻轉向上，右手向下經腰側向後方畫弧上舉，與頭同高，左手停於體前；頭隨

圖 560　　　　　　　圖 561

體轉，眼向右看（圖 560）。

（2）退步卷肱——上體稍左轉；左腳提起向後退一步，腳前掌輕輕落地；右臂屈肘卷收，右手收至肩上耳側，掌心斜向前下方；眼看左手（圖 561）。

（3）虛步推掌——上體繼續左轉；重心後移，左腳踏實，右腳以腳掌為軸將腳扭直，腳跟離地，右膝微屈成右虛步；右手推至體前，腕高與肩平，掌心向前，左手向後、向下畫弧，收至左腰側；眼看右手（圖 562）。

2. 左倒卷肱

（1）轉體撤手——上體稍左轉；右手翻轉向上，左手向左後方畫弧上舉，與頭同高，掌心向上；頭隨體轉；眼看左側（圖 563）。

（2）退步卷肱——上體稍右轉；右腳提起向後退一步，腳前掌輕輕落地；左臂屈肘卷收，左手收至肩上耳側，掌心

圖 562

圖 563

圖 564

圖 565

斜向前方；眼看右手（圖 564）。

　　（3）虛步推掌——上體繼續右轉；重心後移，右腳踏實，左腳以腳掌為軸將腳扭直，腳跟離地，左膝微屈成左虛步；左手推至體前，腕高與肩平，掌心向前，右手向後、向下畫弧，收至右腰側；眼看左手（圖 565）。

圖 566   圖 567

3. 右倒卷肱

同前（圖 566、567、568）。

4. 左倒卷肱

同前（圖 569、570、571）。

【練習要點】

1. 本式的定勢，是每個「倒卷肱」的第三動「虛步推掌」。此時，動作由虛轉實，微微一沉，然後再轉入下一個式子的動作。

2. 本式定勢的步型，是前腳掌著地的虛步，本式的步法是連續退步。

以左虛步開始的退步為例。左腿屈膝輕輕提起，帶動左腳離開地面，腳尖自然下垂，以不超過右踝的高度為宜。然後左腳慢慢地經右踝內側向後落步。落步時左腳前腳掌先輕輕著地，體重仍由右腿來支撐。注意不要出現左腳著地「砸

圖 568

圖 569

圖 570

圖 571

夯」、「搶步」的現象。

　　如同進步時一樣，在退行時也要「點起點落」、「輕起
輕落」，步幅、落點、方向適當，身體不歪斜、不俯仰、不
起伏，兩腿虛實分明。

在本式步法中，第一個「右倒卷肱」是由「手揮琵琶」接來，前式的虛步是左腳腳跟著地的，此時無須先踏實左腳，直接將腳跟抬離地面即可。

3. 本式中兩掌的動作是一前推，一後撤。前推的掌由後屈肘卷肱經耳側向體前推出，與前「摟膝拗步」中的推掌動作一樣。應注意的是，推掌過程中，不要把卷肱做成卷腕；推到頂點時要體現出由虛到實的勁力變化。

後撤手時，注意不要直向回抽，造成前臂、上臂之間，上臂與肋部之間夾緊，肩部聳起。人們常把這種毛病稱為「拉抽屜」。正確的做法是：手走弧線，胸、肋、肩、臂都要圓活自然。手從腰側向後上方畫弧平舉時，兩臂約成135°，不要前後拉成一條直線。

兩掌一推一撤，速度要配合協調，在體前有一個兩掌交錯的過程。兩手上下相錯，就好像回撤的掌心上有一物，前推掌要把它推掉似的。

4. 本式的眼神，應隨著轉體先向側看，再轉看前手。

【攻防含意】

倒卷肱是在退守中反擊。當對方右手攻來，我用左手接住，順勢退步牽引；右手則乘勢向前擊打對方胸部。

(七) 左攬雀尾

【動作說明】

1. 轉體撤手——上體微右轉，右手由腰側向側後上方畫弧平舉，與肩同高，掌心向上；左手在體前下落，手心向下。頭隨體轉，眼看右手（圖572）。

2. 抱手收腳——上體繼續右轉，右手屈臂抱於右胸前，

圖 572　　　　　圖 573　　　　　圖 574

掌心翻轉向下，左手畫弧下
落，屈抱於腹前，掌心轉向
上，兩手上下相對呈抱球狀；
左腳收至右腳內側，腳尖點
地；眼看右手（圖573）。

　3. 轉體上步──上體左
轉，左腳向前方邁出一步，腳
跟輕輕著地（圖574）。

　4. 弓步掤臂──上體繼續
左轉，重心前移，左腿踏實，
左腿屈膝前弓，右腿自然蹬

圖 575

直，成左弓步；兩手前後分開，左臂半屈向體前掤架，腕高
與肩平，掌心向內；右手向下畫弧按於左胯旁，掌心向
下，五指向前；眼看左前臂（圖575）。

　5. 轉體擺臂──上體微向左轉，左手向左前方展伸，掌

圖 576   圖 577

心轉向下，右前臂外旋，右手經腹前向上、向前擺至左前臂內側，掌心向上；眼看左手（圖576）。

6. 轉體後捋——上體右轉，重心後移，身體後坐，右腿屈膝，左腿自然伸直；兩手同時向下經腹前向右後方畫弧，右手舉於身體側後方，與頭同高；左臂平屈於胸前，掌心向內；眼看右手（圖577）。

7. 轉體搭手——上體左轉，正對前方；右臂屈肘，右手收至胸前，四指搭於左前臂內側，掌心向前，左前臂仍屈收於胸前，掌心向內，指尖向右；眼看前方（圖578）。

8. 弓步前擠——重心前移，左腿屈弓，右腿自然蹬直成左弓步；右手推送左前臂向體前擠出，與肩同高，兩臂撐圓；眼看前方（圖579）。

9. 後坐引手——重心後移，上體後坐，右腿屈膝，左腿自然伸直，左腳尖翹起；左手翻轉向下，右手經左腕上方向前伸出，掌心也向下，兩手左右分開與肩同寬，同時屈肘後

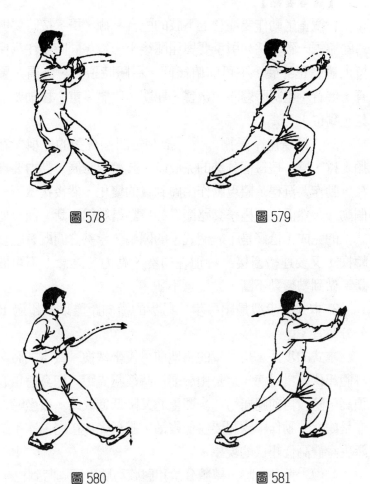

圖 578   圖 579

圖 580   圖 581

引，經胸前收至腹前；眼向前平視（圖580）。

　　10. 弓步前按——重心前移，左腳踏實，左腿屈弓，右腿自然蹬直仍成左弓步；兩手沿弧線推至體前，兩腕與肩同高、同寬，掌心均向前，指尖向上；眼看前方（圖581）。

【練習要點】

1. 攬雀尾動作要注意上下肢的配合。掤、擠、按時要與弓腿協調一致；捋和引手要與屈腿後坐一致。同時要注意保持上體鬆正舒展，不可前俯後仰。弓腿時頂頭、沉肩、豎脊、展背；坐腿時鬆腰、斂臀、屈腿、收髖。重心移動要清楚、到位。

2. 「攬雀尾」是掤、捋、擠、按四個分勢的總稱。在掤、捋、擠、按每個分勢的完成時，肢體要膨展，勁力要貫注，動作要沉穩，體現動作由虛到實的變化，然後接做下一個動作。然而，太極拳套路節奏的特點是綿綿不斷。前一個式子的完成，恰好是下一個式子的開始。拳勢之間既有虛實轉換，又要連續銜接。特別在節奏、勁力、意念上不可間斷。做到勢變勁不斷，勁變意不斷。

3. 本式的步型是順弓步。弓步的橫向距離以不超過 10 公分為宜。

本式的步法，是弓步的原地前弓後坐轉換。做本式時，身體起伏是常見病。這是由於前弓時後腿先蹬，把身體重心頂高，隨後再前腿屈弓，身體重心又降低造成的。後坐時，亦是如此。動作中兩腿要屈伸靈活，避免先伸後屈，才不致產生身體高低起伏的現象。

4. 做「掤勢」時，轉體分手和屈膝弓腿，應同時到位。

做「捋勢」時，兩臂的下捋要與腰部旋轉協調一致。捋勢完成時，兩手向側後方平舉約斜向 45°。同時要保持上體端正，下肢穩固。

由「捋勢」接做「擠勢」時，應向前轉體與搭手同時完成。「擠」出以後，兩肩鬆沉，肘部略低於腕部，兩臂撐

圓，上體正直，不要俯身突
臀。

「後坐引手」時，左腳尖
翹起，左腿膝部不要挺直，上
體勿挺腹後仰。同時，兩手保
持與肩同寬，向後弧形收至胸
前，手心斜向下，兩肘微向外
開。

「弓步前按」動作，兩手
要沿弧線向上、向前推按。注
意防止兩手向兩側分開畫弧，
或兩掌自下畫弧上挑等錯誤。

圖 582

4. 初學者應先做到呼吸自然，不要有緊張憋氣的現象。
但可適當地調節呼吸，配合動作。如「擠勢」時就可以利用
兩臂前擠、胸部微含的姿勢進行呼氣；轉接下動兩手分開、
身體後坐、胸部逐漸舒張時進行吸氣。這種自然地有意識地
調節呼吸來配合動作，即所謂的「拳勢呼吸」，有助於使動
作更協調，更完整，從而提高太極拳的鍛鍊效果。

(八) 右攬雀尾

【動作說明】

1. 轉體分手——重心後移，上體右轉，左腳尖內扣；右
手經頭前畫弧右擺，掌心向外，兩手平舉於身體兩側；頭及
目光隨右手移轉（圖 582）。

2. 抱手收腳——左腿屈膝，重心左移，右腳收至左腳內
側，腳尖點地；左手屈抱於左胸前；右手屈抱於腹前，兩手

圖583　　　　　　　圖584　　　　　　　圖585

圖586　　　　　　　圖587

上下相對，在左肋前「抱球」；眼看左手（圖583）。

　　3.轉體上步——同前（圖584）。

　　4.弓步掤臂——同前（圖585）。

　　5.轉體擺臂——同前（圖586）。

　　6.轉體後捋——同前（圖587）。

圖588　　　　　　　圖589

圖590　　　　　　　圖591

7. 轉體搭手——同前（圖588）。

8. 弓步前擠——同前（圖589）。

9. 後坐引手——同前（圖590）。

10. 弓步前按——同前（圖591）。

以上動作皆與（七）左攬雀尾動作相同，惟左右相反。

【練習要點】

1. 右手隨身體右轉平行向右畫弧時，左手不可隨著向右擺動。

2. 左腳尖裡扣的角度，以略超過身體的正前方為宜。

其餘動作的要領，除左右相反外，均與「左攬雀尾」所述相同。

【攻防含意】

攬雀尾包括了太極拳中最重要的四種攻防手法。掤手的含意是伸臂架接住對方的來手，以觀其變。它在外形上與野馬分鬃相似，其含意則完全不同。後者是以分靠手法去進攻，掤手則是築起一道防線，靜待對方的反應，以變應變。術語稱為「聽勁」、「掤勁」。

捋的含意是當對方攻來，我一手附於其腕，另一手附於其肘關節，順勢向後牽引，同時轉腰側帶，使其撲空。它與強拉不同之處在於不以力勝，而是借力巧取，引進對手使其落空。

擠的用法是當對手感到落空，急欲抽身後退之際，我用前臂貼緊對方，用快速擠壓之力戰勝對手。

按的原意是向下用力。但在太極拳中常在向前用力發放之前，先向下牽引對方，使其向上反抗，重心升高，立腳不穩，再快速發力前推，取得更大效果。這種變化的用力稱為按或前按。它比單純地用力直推更為巧妙，其動作及用力方向呈曲線。

圖592　　　　　圖593　　　　　圖594

(九) 單　鞭

【動作說明】

1. 轉體運臂——重心左移，上體左轉，左腿屈膝，右腿伸直，右腳尖內扣；兩臂交叉向左運轉，左手經頭前向左畫弧至身體左側，掌心向外。右手經腹前向左畫弧至左肋前，掌心轉向上；視線隨左手移轉（圖592）。

2. 勾手收腳——上體右轉，重心右移，右腿屈膝，左腳收至右腳內側，腳尖點地；右手向上向右畫弧，掌心向內，經頭前至身體右前方變成勾手，腕高與肩平，左手向下、向右畫弧，經腹前至右肩前，掌心轉向內；視線隨右手移轉，最後看勾手（圖593、594）。

圖 595   圖 596

3. 轉體上步——上體稍左轉，左腳向左前方上步，腳跟落地；左手經面前向左畫弧，掌心向內；眼看左手（圖595）。

4. 弓步推掌——上體繼續左轉，重心前移，左腳踏實，左腿屈弓，右腿自然蹬直，腳跟外展，成左弓步；左手經面前翻掌向前推出，腕與肩平，左臂與左腿上下相對；眼看左手（圖596）。

【練習要點】

1. 單鞭的弓步應略斜向左前方，不超過30°，兩腳寬度約10公分。前臂、前腿應方向一致。勾手時右臂不要過直，方向為斜後方約45°。弓步時後腳跟要向外蹬展，不可敞襠開胯。

2. 身體左右轉時，重心的移動一定要充分，兩腿要虛實分明。

3. 做勾手時，屈腕、五指第一指節捏攏，勾尖指向下

方。動作要樸實自然。勾手時腕部不要故意繞轉，形成「腕花」，五指也不必依次捏攏。

圖597

4. 推掌時，隨著上體左轉，左腿前弓，左手一邊翻掌一邊向前推出。到達頂點時，配合鬆腰、鬆胯、沉氣，同時沉腕、展掌、舒指。

動作過程中，左臂應保持舒鬆圓活的狀態，腋間不要夾緊。翻掌主要靠前臂的旋轉，防止「耍腕花」。

定勢時，左手指尖與鼻尖前後相對，左肘與左膝上下相對。右臂向後撐開，兩臂之間的夾角約135°。

【攻防含意】

單鞭的用法是我用右勾手刁住對方的手腕，再用左手出擊，像一條鋼鞭一樣給對方有力打擊。

(十)雲 手

【動作說明】

1. 轉體鬆勾——重心後移，上體右轉，左腳尖內扣；左手向下向右畫弧，經腹前至右肩前，掌心向內；右勾手鬆開變掌，掌心向外；眼看右手（圖597）。

2. 左雲收步——上體左轉，重心左移，右腳向左腳收攏，腳前掌先著地，隨之全腳踏實，兩腿屈膝半蹲，兩腳平行向前，相距約10公分成小開立步；左手經頭前向左畫

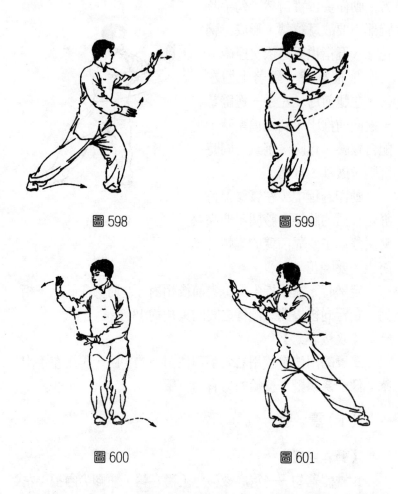

圖 598　　　　　　　　圖 599

圖 600　　　　　　　　圖 601

弧運轉，掌心漸漸向外翻轉，停於身體左側，高與肩平；右
手向下經腹前向左畫弧，停於左肩前，掌心漸漸轉向內；視
線隨左手運轉（圖598、599）。

　　3.右雲開步──上體右轉，重心移向右腿，左腳向左橫
開一步，腳前掌先著地，隨之全腳踏實，腳尖向前；右手經

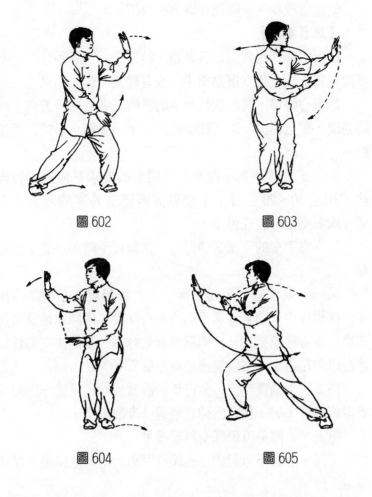

圖 602　　　　　　　圖 603

圖 604　　　　　　　圖 605

頭前向右畫弧運轉，掌心逐漸由內轉向外，停於身體右側，
高與肩平；左掌下落經腹前向右畫弧，停於右肩前，掌心漸
漸翻轉向內；視線隨右手運轉（圖600、601）。

　　4. 左雲收步——同前（圖602、603）。

　　5. 右雲開步——同前（圖604、605）。

6. 左雲收步——同前（圖 606、607）。

【練習要點】

1. 雲手動作應做到以腰為軸，轉腰帶手，身手合一。不可像木偶一樣，孤立擺動兩手，沒有轉腰動作。

2. 重心轉移、腰的旋轉和手的雲轉三者要同一方向，同時完成，配合協調。不可腰腿超前，上下脫節，形成身體扭動。

3. 本式的步型為小開步。小開步的要求是兩腳平行向前，相距 10～20 公分。不要做成兩腳尖外撇的「八」字腳，或者兩腳靠攏成併步。

4.「雲手」的步法是側行步，做側行步時要注意下述幾點：

第一，要掌握「點起點落」、「輕起輕落」的步法規律。在側行中，隨著身體重心的左右移動，兩腳掌輪流踏實支撐，重心移動要充分，兩腿虛實要分明，要能使左腳輕靈地提起向左邁出，右腳輕靈地向左腳靠近。

第二，步幅要合度。側行步的恰當步幅，是以一腿屈膝支撐著體重，另一腿自然伸直橫邁一步的距離。

第三，上體不可俯仰歪斜或擺晃。

第四，身體不可起伏。應保持平穩、均勻地運動，保持拳架高度。

5. 眼神隨畫弧的上手移動時，要視而不死。手從面前經過時，眼神適當放鬆，不可死盯著手掌，像「照鏡子」那樣。

6. 雲手手法是兩手交錯向左右畫立圓，同時旋臂翻掌。手臂經過面前畫圓時應半屈成弧，距頭不可過近；向下畫圓

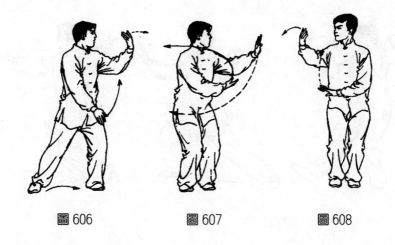

圖606　　　　　　圖607　　　　　　圖608

時，肘微屈，臂自然伸直。

【攻防含意】

雲手是防守動作，用前臂
或手撥開對方的進攻。當對方
用左、右手連續進攻，我則用
雲手連續破解對方。也可以用
一手撥開對方，另一手插入對
方腰間橫撥助力。

（十一）單　鞭

圖609

【動作說明】

1. 轉體勾手——上體右轉，重心移向右腿，左腳跟提
起；右手經頭前向右畫弧，至右前方時掌心翻轉變勾手。
左手向下經腹前向右畫弧至右肩前，掌心轉向內；眼看勾手
（圖608、609）。

圖 610　　　　　　圖 611　　　　　　圖 612

　　2. 轉體上步——上體稍左轉，左腳向左前方上步，腳跟落地；左手經面前向左畫弧，掌心向內；眼看左手（圖610）。

　　3. 弓步推掌——上體繼續左轉，重心前移，左腳踏實，左腿屈弓，右腿自然蹬直，腳跟外展，成左弓步；右手經面前翻轉向前推出，腕與肩平，左臂、左腿上下相對；眼看左手（圖611）。

　　【練習要點】

　　同前。

　　【攻防含意】

　　同前。

太極拳入門與精進

圖613　　　　　　　　　　圖614

（十二）高探馬

【動作說明】

1. 跟步翻手——後腳向前收攏半步，腳前掌著地，距前腳約一腳長；右勾手鬆開，兩手翻轉向上，兩臂前後平舉，肘關節微屈；眼看左手（圖612）。

2. 後坐卷肱——上體稍右轉，重心後移，右腳踏實，右腿屈坐，左腳跟提起；右臂彎曲，右手卷收至頭側，手心向下；頭隨上體半面右轉，目光平視（圖613）。

3. 虛步推掌——上體左轉，右肩前送；左腳稍向前移，腳前掌著地，成左虛步；右手經頭側向前推出，高與頭平，掌心向前。左臂屈收，左手收至腹前，掌心向上；眼看右手（圖614）。

【練習要點】

本式和「倒卷肱」比較，有下述差別：

1. 「倒卷肱」是順步的虛步推掌，而本式則是拗步的虛步推掌，即前推的掌和前伸的虛腿在身體的異側。故本式推掌後順肩程度要小於「倒卷肱」，上體才較為寬舒自然。

2. 本式前推掌手指高與眼平，較之「倒卷肱」推掌要高。本式後手收至腹前，而「倒卷肱」為收至腰間。

【攻防含意】

當對方右拳或右掌擊來，我翻掌順勢向下、向後将帶，或用前臂外旋壓住其腕；右手隨之直擊其面，又稱撲面掌。

(十三)右蹬腳

【動作說明】

1. 穿手上步——上體稍左轉，左腳向後提收，再向左前方（約 30°）上步，腳跟落地；右手稍向後收，左手經右手背上方向前穿出，兩手交叉，腕關節相交，左掌心斜向上，右掌心斜向下；眼看左手（圖 615）。

2. 分手弓腿——左腳踏實，重心前移，左腿屈弓，右腿自然蹬直；上體稍右轉，兩手向兩側畫弧分開，掌心皆向外；眼看右手（圖 616）。

3. 抱手收腳——右腳收至左腳內側，腳尖點地；兩手向腹前畫弧相交合抱，舉至胸前，右手在外，兩掌心皆轉向內；眼看右前方（圖 617）。

4. 分手蹬腳——兩臂內旋，兩手翻轉分別向右前方和左後方畫弧分開，兩臂撐於兩側，肘關節微屈，腕與肩平，掌心皆向外；左腿支撐，右腿屈膝上提，腳跟用力慢慢向前上

圖 615

圖 616

圖 617

圖 618

方蹬出，腳尖上勾，膝關節伸直，右腿與右臂上下相對，方向為右前方約 30°；眼看右手（圖 618）。

【練習要點】

1. 本式手臂的動作較為複雜。在「穿掌——分手——合抱——撐開」的整個過程中，雙手畫弧的路線呈兩個相交的立圓。

分手時兩臂應保持微屈狀態，兩手經面前分開，交叉於腹前，合抱於胸前。上體始終保持正直，不可低頭彎腰。合抱時兩掌手心向內，右手在外，兩肩鬆沉，兩肘微墜，兩臂抱圓。再度分手外撐時，兩手畫弧不要超過頭部的高度，兩肘保持微屈。兩掌的翻轉要在畫弧的過程中逐漸完成，不要有突發的翻掌直推動作。

2. 蹬腳前，首先使身體穩定，然後再提膝蹬腳。右腿提膝時，腳尖自然下垂，膝部高提。接做蹬腳時，一邊勾屈腳尖，一邊伸蹬右腿，力點在腳跟。右腿要蹬直，右腳高於腰部。支撐身體的左腿微屈，保持平衡穩定，上體正直，下頦內收，頭向上頂，兩肩鬆沉，兩臂平舉。

初學者容易出現的毛病有：支撐腿站不穩；上體後仰或前傾；兩臂一高一低；支撐獨立的左腿過於彎曲；右臂和右腿上下交錯；肩部緊張上聳，胸部緊張憋氣；彎腰、低頭等等。造成這些錯誤的主要原因在於站立不穩、周身緊張和蹬腳困難。要站得穩、蹬得高，首先要具有一定的身體素質，如腰腿柔韌性、腿部力量、平衡控制能力等。年齡大、缺乏體育鍛鍊基礎的人，應該循序漸進，開始時可以蹬得低些，逐步提高。

3. 本式動作配合稍不協調就會顧此失彼。在連貫練習時應注意做到：穿掌與上步一致；弓腿與分手一致；收腳與抱手一致；蹬腳與分手撐臂一致。

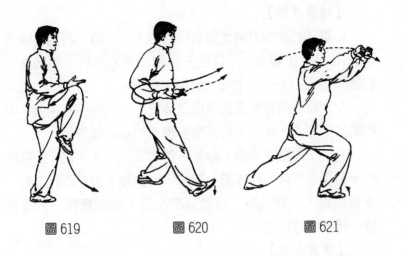

圖619　　　　　圖620　　　　　圖621

【攻防含意】

用手撥開對方進攻，抬腿起腳，用右腳蹬踹對方。

(十四) 雙峰貫耳

【動作說明】

1. 屈膝併手——右小腿屈膝回收，腳尖自然下垂；左手經頭側向體前畫弧，與右手並行落於右膝上方，掌心皆翻轉向上；眼看前方（圖619）。

2. 上步收手——右腳下落向右前方上步，腳跟著地，腳尖斜向右前約30°；兩手收至兩腰側，掌心向上（圖620）。

3. 弓步貫拳——重心前移，右腳踏實，右腿屈弓，左腿自然蹬直，成右弓步；兩手握拳從兩側向上、向前畫弧擺至頭前，兩臂半屈成鉗形，兩拳相對，同頭寬，兩臂內旋，拳眼斜向下；眼看前方（圖621）。

【練習要點】

1. 本式弓步的方向應與右蹬腳的方向一致，斜向右前方30°。在上步出腳前，支撐腿先屈蹲，重心下降，然後再將右腳下落邁出，不要出現「搶步」毛病。

2. 太極拳的握拳應是四指屈捲於手心，拇指壓在食、中指第二指節上。用力不可過緊，也不要拳心鬆空。

3. 貫拳力點在拳面，兩拳眼斜向下，立身中正，沉肩墜肘。初學者往往兩肘外揚上架，聳肩縮脖；或是兩肘下垂，拳眼相對，夾臂緊腋；或者兩拳高舉，低頭彎腰，俯身突臀。皆須注意糾正。

【攻防含意】

兩拳自腰間同時向前上方畫弧擺打，橫擊對方額角（太陽穴）。

（十五）轉身左蹬腳

【動作說明】

1. 轉體分手——重心後移，左腿屈坐，上體左轉，右腳尖內扣；兩拳鬆開，左手隨轉體經頭前向左畫弧，兩手平舉於身體兩側，掌心向外；眼看左手（圖622）。

2. 收腳抱手——重心右移，右腿屈膝後坐，左腳收至右腳內側，腳尖點地；兩手向下畫弧，於腹前交叉合抱，舉至胸前，左手在外，兩手心皆向內；眼看前方（圖623）。

3. 分手蹬腳——兩手向左前方和右後方畫弧分開，撐舉於身體兩側，掌心皆向外，肘關節微屈；左腿屈膝高提，左腳腳跟著力，腳尖上勾，向左前方慢慢蹬出，左腿蹬直與左臂上下相對；眼看左手（圖624）。

圖 622   圖 623

【練習要點】

1. 本式與上式右蹬腳的方向要對稱，與中軸線保持約 30°的斜向。

2. 轉身時，應充分坐腿扣腳，上體保持正直，不可低頭彎腰。

3. 餘同右蹬腳。

【攻防含意】

轉身撥開對方的進攻，隨即用左腳蹬踹對方。

圖 624

圖 625　　　　　　　　　　　圖 626

（十六）左下勢獨立

【動作說明】

1. 收腳勾手——左腿屈收，左腳下垂收於右小腿內側；上體右轉；右臂稍內合，右手捏攏變勾手，左手經頭前畫弧擺至右肩前，掌心向右；眼看勾手（圖 625）。

2. 屈蹲開步——右腿屈膝半蹲，左腳腳前掌落地，沿地面向左側伸出，隨即全腳踏實，左腿伸直；左手落於右肋前；眼看勾手（圖 626）。

3. 仆步穿掌——右腿屈膝全蹲，上體左轉成左仆步；左手經腹前沿左腿內側向左穿出，掌心向前，指尖向左；眼看左手（圖 627）。

4. 弓腿起身——重心移向左腿，左腳尖外撇，左腿屈膝前弓，右腳尖內扣，右腿自然蹬直，重心恢復至弓步高度；左手繼續前穿並向上挑起，右勾手內旋，背於身後，勾尖朝

圖627

圖628

上；眼看左手（圖628）。

5. 獨立挑掌——上體左轉，重心前移，右腿屈膝前提，腳尖向下，左腿微屈獨立支撐，成左獨立步；左手下落按於左胯旁，右勾手下落變掌，經體側向體前挑起，掌心向左，指尖向上，高與眼平，右臂半屈成弧，肘關節與右膝相對；眼看右手（圖629）。

圖629

【動作要點】

1. 第一動先把蹬出的左小腿收回，左腿下落，左腳自然下垂在右小腿內側（不著地）。向右轉身，視線隨左手右移，轉看右勾手。勾手的方向是側後方約45°。

第二動右腿屈膝下蹲，左腳從右腳內側沿地面向左伸

出，全腳掌逐漸踏實。注意此時眼仍看右勾手。

第三動右腿充分下蹲，左掌轉成手心向前，順著左腿內側向左穿出。穿掌時肩部放鬆，上體微向前傾約 30°，以助其勢。

2. 獨立步時重心升高，仆步時重心降低，其他姿勢應保持屈膝半蹲狀態。

3. 由仆步轉換獨立步時，一定要充分做好兩腳的外撇和內扣。左腳尖外撇可使腿獨立支撐時穩定自然，上體和順。右腳尖內扣可避免步子過大，屈膝提腿困難，發生拖步現象。同時要重心充分前移，右腳輕輕提起，切不可右腳猛蹬，一彈而起。

4. 定勢時，右臂要舒展撐圓，不要屈折；左手要向下沉按，臂微屈，不可軟縮。

5. 仆步規格是：一腿全蹲，另一腿側伸鋪直；兩腳平行或略外展，全腳掌著地，不可「掀腳」「拔跟」；屈蹲腿膝關節與腳尖方向一致，不要扣襠；兩腳前後寬度以仆出腳腳尖和屈蹲腳腳跟同處中軸線位置為宜。

上體可略前傾，也可隨穿掌動作向穿出方向稍做側傾，以助其勢。但應注意避免彎腰、抬臀、低頭等現象。

做好仆步應加強基本功練習，以提高腰腿的柔韌性。

6. 獨立步的規格是：支撐身體的腿微屈站穩，另一腿屈膝上提，小腿內收，腳尖下垂。頭頸微微上頂，上體正直伸拔。眼平視前方，精神貫注。

【攻防含意】

下勢（仆步穿掌）——對方左手打來，我用右勾手刁住其腕，隨之蹲身下勢，左腿、左掌插入對方襠下將對方掀

圖630　　　　　　　　　　圖631

起。

　　獨立挑掌——對方左手擊來，我用右掌向上挑開對方，隨即右腿屈提，用膝關節向前頂撞對方。

（十七）右下勢獨立

【動作說明】

　　1. 落腳勾手——右腳落於左腳前約一腳距離，腳前掌著地；上體左轉，左腳以腳掌為軸腳跟向內扭轉；左手變勾手向上提舉於身體左側，高與肩平，右手經頭前畫弧擺至左肩前，掌心向左；眼看勾手（圖630）。

　　2. 屈蹲開步——左腿屈膝半蹲，右腳提收至左小腿內側，然後以腳前掌落地，沿地面向右伸出，隨之右腿伸直，右腳全腳踏實；右手落向左肋前；眼看勾手（圖631）。

　　3. 仆步穿掌——左腿屈膝全蹲，上體右轉成右仆步；右手經腹前沿右腿內側向右穿出，掌心向前，指尖向右；眼看

圖 632　　　　　　　　　　圖 633

右手（圖 632）。

　　4. 弓腿起身——重心移向右腿，右腳尖外撇，右腿屈膝前弓，左腳尖內扣，左腿自然蹬直，重心恢復至弓步高度；右手繼續前穿並向上挑起，左勾手內旋，背於身後，勾尖向上；眼看右手（圖 633）。

　　5. 獨立挑掌——上體右轉，重心前移；左腿屈膝前提，腳尖向下，右腿微屈獨立支撐，成右獨立步；右手下落按於右胯旁，左勾手變掌，經體側向體前挑起，掌心向右，指尖向上，高與眼平，左臂半屈成弧，肘關節與左膝相對；眼看左手（圖 634）。

　　【練習要點】

　　1. 右腳前掌應落在左腳右前方約 20 公分處，這樣，當左腳跟內轉之後，右腳的位置恰在左腳弓內側。

　　向左轉身的過程中，身體重心始終在左腿上。

　　2. 本式第二動應先把右腳提起後再伸出，不要不提腳直

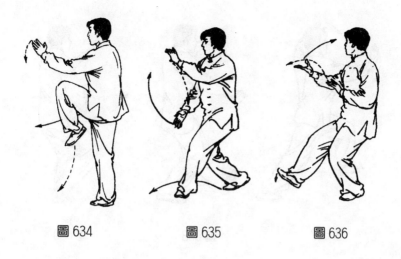

圖 634　　　　　　圖 635　　　　　　圖 636

接擦地伸出。

3. 餘皆同「左下勢獨立」，惟左右相反。

【攻防含意】

同「左下勢獨立」。

（十八）左右穿梭

【動作說明】

1. 右穿梭

（1）落腳抱手——左腳向左前方落步，腳跟著地，腳尖外撇，隨之全腳踏實，上體左轉；左手翻轉向下，右手翻轉向上，兩手在左肋前上下相抱，如抱球的姿勢；眼看左手（圖 635）。

（2）上步錯手——上體右轉，右腳向右前方約 30° 上步，腳跟著地；右手向前上方畫弧；左手向後下方畫弧，兩手交錯；眼看右手（圖 636）。

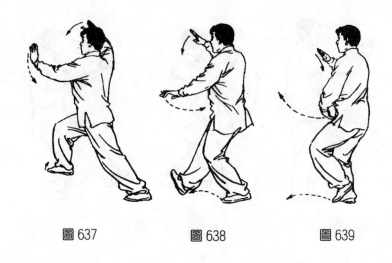

圖637　　　　　　圖638　　　　　　圖639

（3）弓步架推——上體繼續右轉，重心前移，右腳踏實，右腿屈膝前弓，成右弓步；右手翻轉上舉，架於右額角前上方，掌心斜向上，左手經肋前推至體前，高與鼻平；眼看左手（圖637）。

2. 左穿梭

（1）轉體撇腳——重心稍後移，右腳尖外撇，上體右轉；右手下落於頭前，左手稍向左畫弧外展，準備「抱球」；眼看前方（圖638）。

（2）抱手收腳——上體右轉，兩手在右肋前上下相抱，如同抱球的姿勢；左腳收至右腳內側，腳尖點地；眼看右手（圖639）。

（3）上步錯手——上體左轉，左腳向左前方上步，腳跟著地；左手由下向前上方畫弧，右手由上向後下方畫弧，兩手交錯；眼看左手（圖640）。

（4）弓步架推——上體繼續左轉，重心前移，左腳踏

圖 640　　　　　　　圖 641

實，左腿屈膝前弓，成左弓步；左手翻轉上舉，架於左額角前上方，右手經肋前推至體前，高與鼻平；眼看右手（圖641）。

【練習要點】

1. 左右穿梭是拗弓步推掌，切忌弓步過窄和手腳方向不一致。本式定勢的方向為左、右斜前方，與中軸線成 30°，弓步兩腳寬度約 30 公分。要保持上體鬆正，不可歪扭。架掌時不可聳肩翻肘。

2. 本式的手法是一手上架、一手前推。上架手翻掌向上舉撐於額前上方，另一手要先收到肋前或腰間蓄勁，再向前推出。有些人不是先收手再前推，而是半途推出，或側繞弧形前推。路線不對，勁力當然不會順遂。

3. 由「右穿梭」接做「左穿梭」時，要注意右腳尖不要外撇過大。

對方右手打來，我伸右手向上挑架，同時左手向前推擊。左穿梭用意相同，惟左右手相反。

(十九)海底針

【動作説明】

1. 跟步提手——右腳向前收攏半步，腳前掌落地，距前腳約一腳長，隨之重心後移，右腳踏實，右腿屈坐，上體右轉，左腳跟離地；右手下落經體側屈臂抽提至耳側，掌心向左，指尖向前，左手經體前向下畫弧至腹前，掌心向下，指尖斜向右前方；眼看前方（圖642）。

2. 虛步插掌——上體左轉向前俯身，左腳稍前移，腳前掌著地成左虛步；右手從耳側向前下方斜插，掌心向左，指尖斜向前下方，左手經左膝前畫弧摟過，按至左大腿側；眼看右掌（圖643）。

【練習要點】

1. 海底針時上體要舒展伸拔，不可因為稍有前俯就彎腰駝背，聳肩縮脖。上體前傾不宜超過45°。

2. 兩手的動作路線，是右手隨轉體在體側畫一個立圓；左手隨轉體下落，經體前畫平弧按於左胯旁。在右手插掌時，要轉腰順肩，手向前下方直插，四指併攏，意在指尖，不要做成前「劈」或下「砍」。

3. 初學者往往動作散亂，主要原因是沒有用腰部的轉動來帶動和協調全身的動作。應在身體後坐右轉的同時右手向上抽提；在上體左轉時，右手向前下方斜插。

【攻防含意】

圖 642 圖 643 圖 644

對方右手打來，我用左手摟開
對方，右手直插對方襠部，用指尖
戳擊對方。

(二十)閃通臂

【動作說明】

1. 提手收腳——上體右轉，恢
復正直；右手提至胸前，指尖朝
前，掌心向左，左手屈臂收舉，指
尖貼近右腕內側；左腳收至右腳內
側；眼看前方（圖644）。

圖 645

2. 弓步推掌——左腳向前上步，腳跟著地，重心前移，
左腳踏實，左腿屈弓，右腿自然蹬直，成左弓步；左手推至
體前，掌心向前，指尖與鼻尖對齊，右手撐於頭側上方，掌
心斜向上，兩手分展；眼看左手（圖645）。

【練習要點】

1. 閃通臂是順弓步推掌。步子不可過寬。前手、前腿要上下相對。上體不可過分扭胯側身，做成側弓步。

2. 本式兩手先上提後分開。左手經胸前向前推出，肘部保持微屈，不要伸直，右手上撐並微向後引拉。「穿梭」是拗弓步，上舉的手是托架在額前上方。而「閃通臂」是順弓步，撐舉的手向後引拉，故應舉於頭側上方。

【攻防含意】

我用右手捋其右腕後帶，左手推擊對方肩或肋部。名稱中的「閃」形容快如閃電，兩手同時推撐，快速突然。「通臂」或「通背」是指勁力通達於兩臂或背部，腰、背、臂同時發力，全身形成一個整體，將勁力集中施加於對方。

（二十一）轉身搬攔捶

【動作說明】

1. 轉身扣腳——重心後移，右腿屈坐，左腳尖內扣，身體右轉；兩手向右側擺動，右手擺至體右側，左手擺至頭左側，掌心均向外；眼看右手（圖646）。

2. 坐腿握拳——重心左移，左腿屈坐，右腿自然伸直，右腳跟隨之內轉；右手握拳下落，經腹前向左畫弧，停於左肋前，拳心朝下，左手撐舉於左額前；眼向前平視（圖647）。

3. 墊步搬拳——右腳提收至左腳踝關節內側，再向前墊步邁出，腳跟著地，腳尖外撇；右拳經胸前向前搬壓，拳心向上，高與胸平，肘部微屈，左手經右前臂外側下落，按於左胯旁；眼看右拳（圖648）。

圖 646   圖 647

圖 648   圖 649

　　4.轉體收拳——上體右轉，重心前移，左腳跟提起；右拳向右畫弧至體側，拳心轉向下，右臂半屈，左臂外旋，左手經左側向體前畫弧，掌心斜向上；眼平視前方（圖649）。

5. 上步攔掌——左腳向前上步，腳跟著地；左掌攔至體前，高與肩平，掌心向右，指尖斜向上，右拳翻轉收至右腰間，拳心向上；眼看左掌（圖650）。

6. 弓步打拳——上體左轉，重心前移，左腿屈弓，左腳踏實，右腿自然蹬直，成左弓步；右拳向前打出，與胸同高，肘微屈，拳眼轉向上，左手微收，掌指附於右前臂內側，掌心向右；眼看右拳（圖651）。

【練習要點】

1. 搬攔捶的轉身動作要做到虛實清楚，轉換輕靈，重心平穩。切忌轉身時後腿不屈坐，挺膝挺髖，重心升高，上體歪扭等。

2.「墊步搬拳」時應注意：

(1) 右腳收至左腳內側不點地，隨即墊步邁出。

(2) 右腳邁出時腳尖外撇。

(3) 墊步時勿抬腳過高，不要做成踩腳下落。

(4) 落地時腳跟先著地，隨即踏實，不要停頓。

(5) 右腳跟落點應大體與左腳掌相對。

(6) 搬拳時力點在拳背，右臂微屈。

3. 攔掌和收拳要同時協調動作，尤應注意腰部和前臂的旋轉。初學者常犯的毛病有：攔掌、收拳時前臂內旋、外旋不明顯；收拳時畫弧過大，造成揚肘聳肩。

4. 本式雖是左弓步打右拳，但由於左手附於右前臂內側，所以不能過於順肩。

【攻防含意】

1. 搬拳——拳由內向外格擋防守。做法是前臂翻擺，拳由內向外格擋，或由上向下搬壓。力點在拳背或前臂外側。

圖650　　　　　　圖651　　　　　　圖652

2. 攔掌——掌向前阻攔防守。做法是掌經體側畫弧向前伸出，由外向內翻掌攔截。力點在掌指。

3. 打（沖）拳——拳由腰間旋轉向前沖打，由拳心向上轉為拳眼向上。力點在拳面。

4. 對方左手打來，我用右搬拳格擋阻截，並旋臂右帶；對方右手打來，我復以左攔掌攔阻，以左手向右推開對方手臂，截斷對方攻勢；隨即用右拳沖擊對方。

（二十二）如封似閉

【動作說明】

1. 穿手翻掌——左手翻轉向上，經右前臂下面向前穿出，右拳隨之變掌，也翻轉向上，兩手交叉舉於體前；眼看前方（圖652）。

2. 後坐收掌——重心後移，右腿屈坐，左腳尖翹起；兩臂屈收後引，兩手分開收至胸前，與胸同寬，掌心翻轉，斜

圖653 圖654 圖655

向前下方；眼看前方（圖653）。

3. 弓步按掌——重心前移，左腿屈弓，左腳踏實，右腿自然蹬直，成左弓步；兩掌經胸前弧線向前推出，高與肩平，寬與肩同，掌心向前，指尖向上；眼看前方（圖654）。

【練習要點】

1. 後坐收掌時，重心充分後移，右腿屈膝縮髖，兩臂屈收內旋，兩手邊收邊分邊翻轉。不可卷肱揚手，兩肘夾肋，也不可抬肘聳肩。

2. 按掌時兩掌平行向前，沿後收弧線前推，不可做成開合手或挑掌。

3. 本式步法與「攬雀尾」的按式相同。

【攻防含意】

對方雙手推來，我兩手交叉插入其兩臂之間，順勢引進，同時旋臂分手化解對方攻勢，使其落空。當對方欲抽退

圖656   圖657

擺脫時，我隨即雙手前按，乘勢追擊。

（二十三）十字手

【動作說明】

1. 轉體扣腳——上體右轉，重心右移，右腿屈坐，左腳尖內扣；右手向右擺至頭前，兩手心皆向外；眼看右手（圖655）。

2. 弓腿分手——上體繼續右轉，右腳尖外撇，右腿屈膝側弓，左腿自然伸直；右手繼續右擺畫弧至身體右側，兩臂側平舉，手心皆向外；頭隨手右轉，眼看右手（圖656）。

3. 交叉搭手——上體左轉，重心左移，左腿屈膝側弓，右腿自然蹬直，腳尖內扣；兩手畫弧下落，經腹前交叉上舉，成斜十字形，右手在外，手心皆翻轉向內；眼平視前方（圖657）。

4. 收腳合抱——上體轉向起勢方向；右腳提起收攏半

圖 658

圖 659

步，腳前掌先落地，隨之全腳踏實，兩腿逐漸直立，身體重量平均置於兩腿，兩腳平行向前，與肩同寬，成開立步；兩手交叉舉抱於胸前，兩臂撐圓，兩腕交搭成斜十字形，高與肩平；眼平視前方（圖658）。

【練習要點】

1. 轉體扣腳與弓腿分手兩動要連貫銜接，不可中途停頓，關鍵在於轉腰與右腿側弓一氣呵成，連貫不斷。

2. 兩手由兩側畫弧下落時不可彎腰低頭，好像從地上抱起東西似的。收腳時，上體也不可歪斜搖晃。

3. 兩手舉抱胸前時臂要撐圓，不可抱得太緊。

4. 第一動左腳尖內扣應轉向起勢方向，以保證開立步兩腳平行向前。

【攻防含意】

雙手合抱胸前，既是封閉防守，又是伺機而發，以應付對手的進攻。

圖 660　　　　　　　　　　圖 661

（二十四）收　勢

【動作說明】

1. 翻掌分手——兩臂內旋，兩手翻轉分開，平舉於身前，與肩同寬，掌心向下；眼平視前方（圖659）。

2. 垂臂落手——兩臂徐徐下垂，兩手落於大腿外側；目光平視（圖660）。

3. 併腳還原——左腳輕輕收回，與右腳併攏，恢復成預備姿勢（圖661）。

【練習要點】

1. 翻掌分手時，腕關節不要屈折挽花。

2. 垂臂落手不要做成屈臂下按。

3. 收勢要輕勻沉穩，呼吸自然。不要加快速度匆匆還原，也不要匆忙走動。

【整體練習要點】

1. 打太極拳要求心靜體鬆。初學時記憶動作，思想容易專一；熟練以後，有人常常思想走神，精神渙散。正確做法是技術提高以後，要主動用意引導動作，意在拳先，以求動作完美，充分體現太極拳的特點和要領。體鬆就是要求身體自然舒展。初學時防止緊張僵硬，熟練後防止鬆懈疲軟，流於形式。

2. 太極拳要求下肢屈腿落胯，行步輕靈沉穩。要防止重心過高的站立式打拳和行步沉重、虛實不清的散步式打拳。

3. 太極拳動作如行雲流水，綿綿不斷。一切轉換都要連貫圓活，以腿促腰，以腰運手。不可脫節斷勁，忽快忽慢，忽停忽動。

4. 太極拳在均勻中要表現虛實、剛柔變化。做到這一點，主要靠意念、勁力、姿勢和呼吸的引導調節。一個動作的起動要輕靈柔緩，以意領身；運轉要協調合順，自然流暢；定勢則要沉實完整，舒展伸拔。這樣打起拳來才會靜中寓動，柔中有剛，虛實有變，充滿活力。

5. 太極拳要求「氣以直養而無害」，呼吸深長細勻，自然平穩。初學時只要求自然呼吸，當呼則呼，當吸則吸，毫不勉強。技術熟練以後，應逐步將自然呼吸轉為配合動作自覺引導。當動作由虛轉實、由蓄而發時，應主動加深呼氣，「氣沉丹田」；當動作由實變虛、由發轉蓄時，則主動配合吸氣，「收斂入骨」。這種呼吸叫做「拳勢呼吸」。

在太極拳練習中，自然呼吸與拳勢呼吸應交替運用，各佔的比重應根據每人技術程度和練習體會，因人而宜，不可勉強。太極拳的重要原則是「以意運氣，非以力使氣」，

「全身重在精神不在氣，在氣則滯」。

6. 簡化太極拳整套連貫練習的時間，以 4～6 分鐘為宜。無論是快點慢點，都要保持速度均勻，動作連貫，虛實轉換清楚。初學者往往動作不協調、不到位，致使打拳短、平、快；或者動作不熟練，造成慢、停、亂，這些都是不可取的。

大展出版社有限公司
品冠文化出版社

圖書目錄

地址：台北市北投區(石牌)　　電話：(02)28236031
　　　致遠一路二段12巷1號　　　　　28236033
郵撥：01669551＜大展＞　　　傳真：(02)28272069

7. 避孕　　　　　　　　　　早乙女智子著　200 元
8. 不孕症　　　　　　　　　中村春根著　200 元
9. 生理痛與生理不順　　　　堀口雅子著　200 元
10. 更年期　　　　　　　　　野末悅子著　200 元

・傳統民俗療法・品冠編號 63

1. 神奇刀療法　　　　　　　潘文雄著　200 元
2. 神奇拍打療法　　　　　　安在峰著　200 元
3. 神奇拔罐療法　　　　　　安在峰著　200 元
4. 神奇艾灸療法　　　　　　安在峰著　200 元
5. 神奇貼敷療法　　　　　　安在峰著　200 元
6. 神奇薰洗療法　　　　　　安在峰著　200 元
7. 神奇耳穴療法　　　　　　安在峰著　200 元
8. 神奇指針療法　　　　　　安在峰著　200 元
9. 神奇藥酒療法　　　　　　安在峰著　200 元
10. 神奇藥茶療法　　　　　　安在峰著　200 元
11. 神奇推拿療法　　　　　　張貴荷著　200 元

・彩色圖解保健・品冠編號 64

1. 瘦身　　　　　　　　　　主婦之友社　300 元
2. 腰痛　　　　　　　　　　主婦之友社　300 元
3. 肩膀痠痛　　　　　　　　主婦之友社　300 元
4. 腰、膝、腳的疼痛　　　　主婦之友社　300 元
5. 壓力、精神疲勞　　　　　主婦之友社　300 元
6. 眼睛疲勞、視力減退　　　主婦之友社　300 元

・心想事成・品冠編號 65

1. 魔法愛情點心　　　　　　結城莫拉著　120 元
2. 可愛手工飾品　　　　　　結城莫拉著　120 元
3. 可愛打扮 & 髮型　　　　　結城莫拉著　120 元
4. 撲克牌算命　　　　　　　結城莫拉著　120 元

・少年偵探・品冠編號 66

1. 怪盜二十面相　　　　　江戶川亂步著　特價 189 元
2. 少年偵探團　　　　　　江戶川亂步著　特價 189 元
3. 妖怪博士　　　　　　　江戶川亂步著　特價 189 元
4. 大金塊　　　　　　　　江戶川亂步著　特價 230 元
5. 青銅魔人　　　　　　　江戶川亂步著　特價 230 元
6. 地底魔術王　　　　　　江戶川亂步著　特價 230 元

·武 術 特 輯· 大展編號 10

·原地太極拳系列· 大展編號 11

·名師出高徒· 大展編號 111

·實用武術技擊· 大展編號 112

1.	實用自衛拳法	溫佐惠著	250 元
2.	搏擊術精選	陳清山等著	220 元
3.	秘傳防身絕技	陳炳崑著	230 元

·道 學 文 化· 大展編號 12

1.	道在養生：道教長壽術	郝 勤等著	250 元
2.	龍虎丹道：道教內丹術	郝 勤著	300 元
3.	天上人間：道教神仙譜系	黃德海著	250 元
4.	步罡踏斗：道教祭禮儀典	張澤洪著	250 元
5.	道醫窺秘：道教醫學康復術	王慶餘等著	250 元
6.	勸善成仙：道教生命倫理	李 剛著	250 元
7.	洞天福地：道教宮觀勝境	沙銘壽著	250 元
8.	青詞碧簫：道教文學藝術	楊光文等著	250 元
9.	沈博絕麗：道教格言精粹	朱耕發等著	250 元

·易 學 智 慧· 大展編號 122

1.	易學與管理	余敦康主編	250 元
2.	易學與養生	劉長林等著	300 元
3.	易學與美學	劉綱紀等著	300 元
4.	易學與科技	董光壁著	280 元
5.	易學與建築	韓增祿著	280 元
6.	易學源流	鄭萬耕著	280 元
7.	易學的思維	傅雲龍等著	250 元
8.	周易與易圖	李 申著	250 元

·神 算 大 師· 大展編號 123

1.	劉伯溫神算兵法	應 涵編著	280 元
2.	姜太公神算兵法	應 涵編著	280 元
3.	鬼谷子神算兵法	應 涵編著	280 元
4.	諸葛亮神算兵法	應 涵編著	280 元

·秘傳占卜系列· 大展編號 14

1.	手相術	淺野八郎著	180 元
2.	人相術	淺野八郎著	180 元
3.	西洋占星術	淺野八郎著	180 元
4.	中國神奇占卜	淺野八郎著	150 元

・青春天地・大展編號17

·健 康 天 地· 大展編號 18

95. 催眠健康法	蕭京凌編著	180 元
96. 鬱金（美王）治百病	水野修一著	180 元
97. 醫藥與生活㈢	鄭炳全著	200 元

・實用女性學講座・ 大展編號 19

1. 解讀女性內心世界	島田一男著	150 元
2. 塑造成熟的女性	島田一男著	150 元
3. 女性整體裝扮學	黃靜香編著	180 元
4. 女性應對禮儀	黃靜香編著	180 元
5. 女性婚前必修	小野十傳著	200 元
6. 徹底瞭解女人	田口二州著	180 元
7. 拆穿女性謊言 88 招	島田一男著	200 元
8. 解讀女人心	島田一男著	200 元
9. 俘獲女性絕招	志賀貢著	200 元
10. 愛情的壓力解套	中村理英子著	200 元
11. 妳是人見人愛的女孩	廖松濤編著	200 元

・校園系列・ 大展編號 20

1. 讀書集中術	多湖輝著	180 元
2. 應考的訣竅	多湖輝著	150 元
3. 輕鬆讀書贏得聯考	多湖輝著	180 元
4. 讀書記憶秘訣	多湖輝著	180 元
5. 視力恢復！超速讀術	江錦雲譯	180 元
6. 讀書 36 計	黃柏松編著	180 元
7. 驚人的速讀術	鐘文訓編著	170 元
8. 學生課業輔導良方	多湖輝著	180 元
9. 超速讀超記憶法	廖松濤編著	180 元
10. 速算解題技巧	宋釗宜編著	200 元
11. 看圖學英文	陳炳崑編著	200 元
12. 讓孩子最喜歡數學	沈永嘉譯	180 元
13. 催眠記憶術	林碧清譯	180 元
14. 催眠速讀術	林碧清譯	180 元
15. 數學式思考學習法	劉淑錦譯	200 元
16. 考試憑要領	劉孝暉著	180 元
17. 事半功倍讀書法	王毅希著	200 元
18. 超金榜題名術	陳蒼杰譯	200 元
19. 靈活記憶術	林耀慶編著	180 元
20. 數學增強要領	江修楨編著	180 元

·實用心理學講座· 大展編號 21

1.	拆穿欺騙伎倆	多湖輝著	140 元
2.	創造好構想	多湖輝著	140 元
3.	面對面心理術	多湖輝著	160 元
4.	偽裝心理術	多湖輝著	140 元
5.	透視人性弱點	多湖輝著	180 元
6.	自我表現術	多湖輝著	180 元
7.	不可思議的人性心理	多湖輝著	180 元
8.	催眠術入門	多湖輝著	150 元
9.	責罵部屬的藝術	多湖輝著	150 元
10.	精神力	多湖輝著	150 元
11.	厚黑說服術	多湖輝著	150 元
12.	集中力	多湖輝著	150 元
13.	構想力	多湖輝著	150 元
14.	深層心理術	多湖輝著	160 元
15.	深層語言術	多湖輝著	160 元
16.	深層說服術	多湖輝著	180 元
17.	掌握潛在心理	多湖輝著	160 元
18.	洞悉心理陷阱	多湖輝著	180 元
19.	解讀金錢心理	多湖輝著	180 元
20.	拆穿語言圈套	多湖輝著	180 元
21.	語言的內心玄機	多湖輝著	180 元
22.	積極力	多湖輝著	180 元

·超現實心靈講座· 大展編號 22

1.	超意識覺醒法	詹蔚芬編譯	130 元
2.	護摩秘法與人生	劉名揚編譯	130 元
3.	秘法！超級仙術入門	陸明譯	150 元
4.	給地球人的訊息	柯素娥編著	150 元
5.	密教的神通力	劉名揚編著	130 元
6.	神秘奇妙的世界	平川陽一著	200 元
7.	地球文明的超革命	吳秋嬌譯	200 元
8.	力量石的秘密	吳秋嬌譯	180 元
9.	超能力的靈異世界	馬小莉譯	200 元
10.	逃離地球毀滅的命運	吳秋嬌譯	200 元
11.	宇宙與地球終結之謎	南山宏著	200 元
12.	驚世奇功揭秘	傅起鳳著	200 元
13.	啟發身心潛力心象訓練法	栗田昌裕著	180 元
14.	仙道術遁甲法	高藤聰一郎著	220 元
15.	神通力的秘密	中岡俊哉著	180 元
16.	仙人成仙術	高藤聰一郎著	200 元

·養生保健· 大展編號 23

國家圖書館出版品預行編目資料

太極拳入門與精進／李德印編著
——初版，——臺北市，大展，2002〔民 91〕
面；21 公分，——（名師出高徒；7）
ISBN 957-468-148-3（平裝）

1.太極拳

528.972　　　　　　　　　　　91007765

北京人民體育出版社授權中文繁體字版

太極拳入門與精進　　ISBN 957-468-148-3

編 著 者／李 德 印

責任編輯／趙 振 平

發 行 人／蔡 森 明

出 版 者／大展出版社有限公司

社　　　址／台北市北投區（石牌）致遠一路 2 段 12 巷 1 號

電　　　話／（02）28236031・28236033・28233123

傳　　　眞／（02）28272069

郵政劃撥／01669551

E – mail／dah-jaan@ms 9.tisnet.net.tw

登 記 證／局版臺業字第 2171 號

承 印 者／國順文具印刷行

裝　　　訂／嶸興裝訂有限公司

排 版 者／弘益電腦排版有限公司

初版 1 刷／2002 年（民 91 年）7 月

定 價／280 元

大展好書 ✕ 好書大展